Bootstrap 4

Stile und Komponenten

D1667773

Jörg Krause

Bootstrap 4

Stile und Komponenten

Jörg Krause

ISBN 978-1522950004

This is a **Leanpub** book. Leanpub empowers authors and publishers with the Lean Publishing process. **Lean Publishing** is the act of publishing an in-progress ebook using lightweight tools and many iterations to get reader feedback, pivot until you have the right book and build traction once you do.

Ebenfalls von Jörg Krause

ASP.NET Core 1.0 mit Entity Framework Core 1.0

Einführung in JavaScript 5

Einführung in node.js

Reguläre Ausdrücke

SharePoint Hands On Lab 121

express - Middleware für node.js

Grundlagen für Web-Entwickler

PHP 5.6

Bootstrap 3

Einführung in TypeScript 2.0

Pug - Die Template-Engine für node.js

Web-Programmierung mit Node

Dieses Bändchen ist für alle gedacht, die sich durch die ersten Schritte der Softwareentwicklung kämpfen oder ihr Wissen auf den aktuellen Stand bringen möchten.

Die Zukunft der Softwareentwicklung liegt im Web, in der Cloud, oder wo auch immer. In jedem Fall nicht auf einem isolierten, lokalen System. Dieses Bändchen ist Teil einer Serie von Titeln, die dabei helfen sollen, sich den Herausforderung der Webentwicklung zu stellen. Die Themen sind nicht zwingend brandneu, sondern eher zur Bildung einer thematischen Einheit gedacht.

Alle Bändchen sind ganz oder in Ausschnitten auch auf meinem Blog unter www.joergkrause.de zu finden und sind gedruckt, als E-Book (EPUB und Kindle) oder online als PDF und HTML verfügbar. Begleitende Kurse zum Thema sind bei www.IT-Visions.de buchbar.

Inhaltsverzeichnis

Bootstrap 4 – Das neue CSS-Rahmenwerk

Dieses Buch beschreibt kompakt und übersichtlich das CSS-Rahmenwerk Bootstrap 4. Bootstrap entstand ursprünglich, ca. 2010, bei Twitter und war von vornherein mit dem Gedanken "mobile first" – zuerst für mobile Geräte – entwickelt worden. Es hat sich seitdem zu einem der besten und bekanntesten Rahmenwerke für die Gestaltung von Websites entwickelt. Begleitet von einer Vielzahl auf Bootstrap aufsetzenden Gestaltungsvorlagen – sogenannte Themes – bietet es sichere und robuste Stiledefinitionen für Alltagsaufgaben.

Zielgruppe

Dieses Buch wendet sich an Anfänger und an Webentwickler, die neu in der Web-Welt sind. Bootstrap dient vor allem dem Front-End-Entwickler. Es handelt sich um ein Reihe von CSS-Anweisungen und diese ergänzende JavaScript-Bibliotheken, die dort greifen, wo CSS allein nicht ausreicht.

Vielleicht sind Sie aber auch ein Webdesigner, der Bootstrap als eine hervorragende Möglichkeit entdeckt hat, seine Webseiten mit dynamischen Elementen aufzuwerten. Dabei haben Sie mit Texten zu tun, mit Formularen, mit der Darstellung von Datenbankinhalten, also alles, was eine dynamische Website ausmacht. Dann wird Ihnen dieses Bändchen einen der Teilaspekte, nämlich das Erzeugen einer professionellen Benutzeroberfläche, in besonders übersichtlicher Form zeigen.

Auf alle Fälle habe ich mich bemüht, keine Voraussetzungen an den Leser zu stellen. Sie müssen kein Informatiker sein, keine

Programmiersprache perfekt beherrschen, keine höhere Mathematik kennen. Egal in welchem Zusammenhang Sie auf Bootstrap gestoßen sind, Sie werden diesen Text lesen können. Etwas CSS (Cascading Style Sheets) kann nicht schaden, hierfür gibt es eine kompakte Einführung am Anfang und natürlich das Internet.

 Bootstrap

Um alle Beispiele nachvollziehen zu können, benötigen Sie eine lauffähige Umgebung zum Erstellen von Webseiten. Dies kann Ruby on Rails, PHP, ASP.NET oder auch Node.js sein. Ein weiteres Bändchen der Reihe "Jörgs Webbändchen" widmet sich der Einführung in *Node.js*.

Wenn Sie diesen Text zufällig gefunden haben und mit dem Begriff "Bootstrap" nichts anfangen können, lesen Sie es trotzdem. Sie werden eine der modernsten Techniken der Webentwicklung kennenlernen und künftig gehören Sie zum Kreis hervorragender Entwickler, die gut aussehende und geräteunabhängige Websites bauen können.

Was Sie wissen sollten

Leser dieser Reihe müssen kaum Voraussetzungen mitbringen. Etwas HTML kann nicht schaden und wer schon mal eine statische HTML-Seite gesehen hat (den Quellcode natürlich) kommt sicher gut rein. Ich gehe davon aus, dass Sie wenigstens ein aktuelles Betriebssystem haben, auf dem Sie einen Editor vorfinden, mit dem Sie Webseiten erstellen können.

Beispiele

Sie finden das Beispielprojekt zu diesem Buch auf Github:

- *https://github.com/joergkrause/Bootstrap4-Book*

Das Projekt nutzt Musterdateien, die pures HTML enthalten. Es entstand mit Visual Studio, kann aber weitgehend unabhängig davon benutzt werden.

Wie Sie diesen Text lesen können

Ich will Ihnen nicht vorschreiben, wie Sie diesen Text lesen sollten. Beim ersten Entwurf der Struktur habe ich mehrere Varianten ausprobiert und dabei festgestellt, dass es die ideale Form nicht gibt. Wenn ich mich an den verschiedenen Anwendungsarten orientiere, zerfällt der Text in mehrere Kapitel, die nicht im Zusammenhang miteinander stehen. Der eine oder andere Leser würde sich dann ärgern, dass er viel Geld für ein Buch ausgibt, das nur zu einem Fünftel verwendbar ist. Dieses Bändchen löst das Problem, indem es auf ein sehr kleines Thema fokussiert ist und kein "bla-bla" zur Aufblähung des Umfangs dabei ist.

Anfänger sollten den Text als Erzählung lesen, von der ersten bis zur letzten Seite. Wer sich schon etwas auskennt, kann die für ihn weniger interessanten Abschnitte gefahrlos überspringen. Falls Bezüge notwendig sind, habe ich entsprechende Querverweise eingefügt.

Schreibweisen

Das Thema ist satztechnisch nicht einfach zu beherrschen, denn Skripte sind oft umfangreich und es wäre schön, wenn man die beste Leseform optisch unterstützen könnte. Ich habe deshalb oft zusätzliche Zeilenumbrüche benutzt, die der Lesbarkeit dienen, im Editor Ihrer Entwicklungsumgebung aber nichts zu suchen haben.

Generell wird jeder Programmcode mit einer nicht proportionalen Schrift gesetzt. Außerdem verfügen Skripte über Zeilennummern:

```
1   body {
2     color: black;
3   }
```

Wenn Sie etwas am Prompt oder in einem Dialogfenster eingeben müssen, wird dieser Teil der Anweisung fett geschrieben:

$ bower install bootstrap

Das erste Zeichen ist der Prompt und wird nicht mit eingegeben. Ich verwende im Buch den Linux-Prompt der Bash-Shell. Die Kommandos funktionieren ausnahmlos unverändert auch auf Windows, nur steht dann halt **C:>** oder so ähnlich am Anfang der Zeile.

Ausdrücke und Befehlszeilen sind manchmal mit allen Arten von Zeichen gespickt und in fast allen Fällen kommt es auf jedes Zeichen an. Oft werde ich die Verwendung bestimmter Zeichen in einem solchen Ausdruck genau erläutern. Dann werden die "wichtigen" Zeichen durch Zeilenumbrüche alleingestellt und auch in diesem Fall werden Zeilennummern dazu dienen, das betroffene Symbol im Text exakt zu referenzieren (Beachten Sie das :-Zeichen in Zeile 2):

```
1   a.test {
2     :hover {
3       color: red
4     }
5   }
```

Die Schrift ist nicht-proportional, sodass die Zeichen abzählbar sind und öffnende und schließende Klammern immer untereinander stehen.

Symbole

Um die Orientierung bei der Suche nach einer Lösung zu erleichtern, gibt es eine ganz Palette von Symbolen, die im Text genutzt werden.

Tipp

Dies ist ein Tipp

Information

Dies ist eine Information

Warnung

Dies ist eine Warnung

Über den Autor

Jörg arbeitet als Trainer, Berater und Software-entwickler für große Unternehmen weltweit. Bauen Sie auf die Erfahrung aus 25 Jahren Arbeit mit Web-Umgebungen und vielen, vielen großen und kleinen Projekten.

Jörg sind vor allem solide Grundlagen wichtig. Statt immer dem neuesten Framework hinterher zu rennen wären viele Entwickler besser beraten, sich eine robuste Grundlage zu schaffen. Wer dies kompakt und schnell lernen will ist hier richtig. Auf seiner Website www.joergkrause.de sind viele weitere Informationen zu finden.

Jörg hat über 40 Titel bei renommierten Fachverlagen in Deutsch und Englisch verfasst, darunter einige Bestseller.

Kontakt zum Autor

Neben der Website können Sie auch direkten Kontakt über www.IT-Visions.de aufnehmen. Wenn Sie für Ihr Unternehmen eine professionelle Beratung zu Web-Themen oder eine Weiterbildungsveranstaltung für Softwareentwickler planen, kontaktieren Sie Jörg über seine Website[1] oder buchen Sie direkt über http://www.IT-Visions.de.

---

[1]http://www.joergkrause.de

1. Es beginnt mit CSS

Bevor Sie sich mit Bootstrap auseinandersetzen, müssen Sie CSS verstanden haben. Passend zu diesem Buch gibt es auch eine kompakte Einführung in CSS. Wer nur eine kurze Auffrischung benötigt, findet diese in diesem Kapitel.

CSS – Cascading Style Sheets (deutsch: Kaskadierende Stildefinitionen) – ist eine Layout- und Formatierungssprache, um Auszeichnungssprachen wie HTML zu formatieren. Idealerweise enthält das HTML-Dokument nur semantische Informationen und mit CSS werden diese dann gestalterisch und typografisch formatiert.

HTML bringt bereits einige Grundformatierungen mit, wie eine größere Schrift bei Überschriften. Diese lassen sich mit CSS anpassen, ebenso wie sich alle nicht formatierten Elemente formatieren lassen. Format-Tags in HTML und Format-Attribute sollten grundsätzlich nicht mehr verwendet werden. Sie sind seit HTML 5 veraltet. An deren Stelle tritt CSS.

Mit CSS ist es auch möglich, Ausgabearten für verschiedene Medien wie Monitor (screen), Projektion (projection) und Druck (print) getrennt festzulegen.

1.1 Grundlagen

Ein HTML-Dokument besteht aus semantisch sinnvollen Auszeichnungen für Überschriften, Absätzen, Listen usw. Die CSS-Anweisungen müssen nun so platziert werden, dass der Browser diese den Elementen zuordnen kann. Dazu müssen diese Anweisungen irgendwo abgelegt werden. Grundsätzlich gibt es dazu drei Möglichkeiten:

- Das `style`-Attribut, das jedes HTML-Element kennt

- Das `<style></style>`-Element, das mehrere Stile zusammenfasst
- Das `<link />`-Element, mit dem auf eine Datei verwiesen wird, die mehrere Stil-Definitionen enthält

Der bevorzugte Weg ist die Benutzung einer CSS-Datei. Der Browser kann diese im Cache zwischenspeichern und der Inhalt lässt sich mit entsprechenden Werkzeugen verkleinern, sodass Sie Bandbreite sparen (nicht wegen der Bandbreite, sondern wegen dem damit verbundenen Leistungsgewinn).

Lokale `<style>`-Elemente sollten nur in Ausnahmefällen benutzt werden, um kurzfristig Änderungen an den möglicherweise komplexen Dateien vornehmen zu können. Solche lokalen Stilanweisungen haben eine höhere Priorität. Das `style`-Attribut erweitert oder modifiziert die Stile nochmals für ein einziges Element. Es hat die höchste Priorität bei widersprüchlichen Regeln aus den lokalen oder importierten Stilen.

Die Verknüpfung mit der CSS-Datei erfolgt im HEAD-Bereich des HTML-Dokuments:

```
1  <link rel="stylesheet"
2        type="text/css"
3        href="styles/style.css">
```

Beachten Sie, dass der Pfad zur Datei relativ zum HTML-Dokument anzugeben ist.

1.2 Syntax

Die Syntax von CSS ist relativ einfach. Die Grundstruktur besteht aus zwei Bausteinen:

1. Selektor (selector)

2. Regelsatz (rule set)

Der Selektor bestimmt, auf welches Element oder welche Elemente sich die Regeln beziehen.

```
1  Selektor {
2     Regelsatz
3  }
```

Wenn Stile in `style`-Attributen stehen, gelten sie nur für das betreffende Element, hier entfällt deshalb der Selektor.

Der Regelsatz wiederum besteht aus Regeln. Diese sind in der folgenden Form zu schreiben:

```
Stil: Parameter;
```

Das Semikolon am Ende ist erforderlich.

1.3 Selektor

Der Selektor ist so beschaffen, dass damit Elemente auf der Seite gezielt erreicht werden. Das gesamte Schema der Selektoren ist ziemlich umfassend. An dieser Stelle sollen zuerst die wichtigsten Bausteine gezeigt werden.

Elemente (Tags)

Mit CSS können Sie einzelne Elemente ansprechen. Die Syntax dazu sieht wie folgt aus:

```
TagName { Regelsatz }
```

Wenn Sie also alle Elemente `<p>` erreichen wollen, reicht es aus, folgendes zu schreiben:

```
p { }
```

IDs

Häufig wird ein einziges Tag verändert. Das anzusprechende Tag muss als solches identifizierbar, dass heißt mit einer ID erreichbar sein. Das gleichnamige HTML-Attribut enthält eine Zeichenfolge, die in den CSS-Eigenschaften erreicht wird. Eine ID kann jedoch nur auf ein Element innerhalb eines Dokuments angewendet werden, darf also nur ein einziges Mal vorkommen. Die Syntax dazu sieht folgendermaßen aus:

```
#id { }
```

Ein Beispiel für eine Schaltfläche (button):

```
1  <style>
2  #send {
3    color: red;
4  }
5  </style>
6  <button id="send">Senden</button>
```

Klassen

Häufiger sollen mehrere Elemente adressiert werden. Dazu dienen Klassen, die in HTML in das Attribut class geschrieben werden. Sie können diesem Attribut mehrere durch Leerzeichen getrennten Klassen übergeben und dadurch Regelsätze kombinieren. Dies spart umfangreiche Definitionen. Bootstrap nutzt diese Möglichkeit umfassend aus und erreicht so mit wenigen Regelsätzen eine große Anzahl von Modifikationsoptionen. Im Gegensatz zu IDs kann ein und dieselbe Klasse für mehrere Elemente definiert werden und darf damit mehrfach in einem Dokument vorkommen.

Die Syntax dazu sieht folgendermaßen aus:

```
.class { }
```

Ein Beispiel für eine Schaltfläche:

```
1   <style>
2   .btn {
3     color: red;
4   }
5   </style>
6   <button class="btn">Senden</button>
```

Attribute

Auf Attribute von HTML-Elementen kann mit folgender Syntax verwiesen werden:

```
[name] { }
```

```
[name="wert"] { }
```

Ein Beispiel für eine weitere Schaltfläche:

```
1   <style>
2   [data-item] {
3     color: blue;
4   }
5   </style>
6   <a href="link.html" data-item="22">Weiter</button>
```

Wird der Wert des Attributes (rechts vom =-Zeichen) nicht angegeben, so gilt allein die Existenz des Attributs als ausreichend, um die Regeln anzuwenden.

Logische Auswahl

Es kommt oft vor, dass Regelsätze auf mehrere Selektoren anwendet werden sollen. Dazu wird ein logisches ODER benötigt, welches in CSS ein Komma ist:

```
a, b { }
```

Zwischen a und b gibt es keinen Zusammenhang, die Regel wird auf beide unabhängig angewendet. Die Platzhalter a und b im Beispiel können wiederum komplexere Selektoren sein.

Weitere Selektoren

In der Praxis reichen diese Selektoren nicht aus. Die folgende Tabelle
gibt eine kompakte Übersicht über alle weiteren Formen.

Tabelle: Einfache CSS-Selektoren

Symbol	Beschreibung
*	Universal / alles
tag	Elemente
.class	Klasse (Attribut class)
#id	ID (Attribut id)
[a]	Attributpräsenz
[a=v]	Attributwert
[a~=v]	Attribut enthält Wert als alleinstehendes Wort
[a|=v]	Attribut enthält Wert nicht
[a^=v]	Attribut beginnt mit Wert
[a$=v]	Attribut endet mit Wert
[a*=v]	Attribut enthält Wert

Der Umgang mit Hierarchien ist essenziell, denn HTML-Dokumente
sind Hierarchien, oft auch Bäume genannt. Die folgende Abbildung
zeigt die Beziehungen zwischen Elementen im Baum des Dokuments.

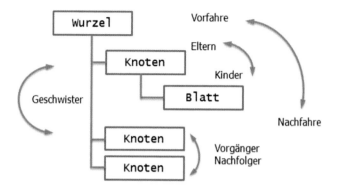

Abbildung: Elemente der Hierarchie einer HTML-Seite

Die folgende Tabelle zeigt die Syntax für CSS.

Tabelle: CSS-Selektoren für Hierarchien

Symbol	Beschreibung
e > f	Auswahl, wenn f ein Kindelement von e ist
e f	Auswahl, wenn f ein Nachfahre von e ist
e + f	Auswahl, wenn f ein Nachfolger von e ist
e ~ f	Auswahl, wenn f ein Geschwister von e ist

Gegenüber den Möglichkeiten der Beziehungen fehlen Selektoren für die Vorfahren, Vorgänger und Eltern. Dies erreichen Sie durch Vertauschen der Elemente.

Pseudo-Selektoren sind solche, die keine vergleichbare Darstellung in HTML haben, sondern sich aus der Position von Elementen oder der Benutzung ergeben. Es gibt drei Arten solcher Selektoren:

- Statische Positionen
- Auswahl von Bereichen
- Dynamisches Verhalten

Tabelle: Statische CSS-Selektoren

Symbol	Beschreibung
`::first-line`	Erste Zeile
`::first-letter`	Erster Buchstabe
`::before`	Vor dem Element
`::after`	Nach dem Element
`::selection`	Der markierte (ausgewählte) Bereich

Tabelle: CSS-Selektoren für Bereiche

Symbol	Beschreibung
`:root`	Basiselement
`:empty`	Gilt, wenn das Element leer ist
`:first-child`	Das erste Kindelement einer Liste
`:last-child`	Das letzte Kindelement einer Liste
`:nth-child()`	Ein bestimmtes Kindelement einer Liste
`:nth-last-child()`	Ein bestimmtes Kindelement einer Liste vom Ende
`:only-child`	Nur gültig, wenn es nur ein Kindelement gibt
`:first-of-type`	Erstes Kindelement von einem Typ
`:last-of-type`	Letztes Kindelement von einem Typ
`:nth-of-type()`	Kindelement von einem Typ in einer Liste
`:nth-last-of-type()`	Kindelement von einem Typ in einer Liste vom Ende
`:only-of-type`	Nur dieser Typ aus einer Liste

Tabelle: Dynamische CSS-Selektoren

Symbol	Beschreibung
:link	Ein Hyperlink
:visited	Ein Hyperlink, der bereits besucht worden ist
:hover	Ein Hyperlink, über dem die Maus schwebt
:active	Ein Hyperlink, der aktive ist (angeklickt)
:focus	Ein Element, das den Fokus hat (blinkender Cursor)
:target	Ein Element, das ein Target-Attribut hat
:disabled	Ein Element, das deaktiviert ist (disabled-Attribut)
:enabled	Ein Element, das aktiviert ist (kein disabled-Attribut)
:checked	Ein Element, das angehakt ist (nur Kontrollkästchen)
:valid	Ein Element, das gültig ist
:invalid	Ein Element, das ungültig ist
:lang()	Ein Element, das das passende lang="" Attribut hat
:not()	Negiert die folgende Auswahl (dies ist ein Operator)

Die Prüfung der Gültigkeit von Formularelementen setzt voraus, dass die in HTML 5 definierten Attribute wie maxlength, required, date, email usw. zum Einsatz kommen.

Im Gegensatz zum Attribut lang kann die Funktion lang() in CSS ein Fallback auf eine Stammkultur ermitteln, reagiert also bei der Angabe "de-DE" auch auf "de" usw.

 ### Browserunterstützung

Kein Browser versteht derzeit jede der gezeigten Pseudoklassen. Die Online-Dokumentationen geben eine aktuelle Auskunft zu der gerade verfügbaren Unterstützung.

1.4 Das Box-Modell

HTML kennt zwei Arten von Darstellformen für Elemente: Fließelemente und Blockelemente. Fließelemente sind solche, die sich in fortlaufenden Text einbetten. Diese Elemente haben keine Dimensionen wie Breite und Höhe, denn sie richten sich nach den umgebenen Elementen. Blockelemente dagegen haben Dimensionen und diese führen dazu, dass angrenzende Elemente von dem eingenommenen Platz verdrängt werden. Das Verdrängungsverhalten ist darüberhinaus vielfältig anpassbar, bis hin zur gewollten Überlagerung. Mit speziellen Regeln können Elemente, die eigentlich Fließelemente sind, zu Blockelementen umdeklariert werden. Dies geht auch umgekehrt.

Das Box-Modell der Blockelemente definiert Eigenschaften für nahezu alle Bereiche eines rechteckigen Bereichs.

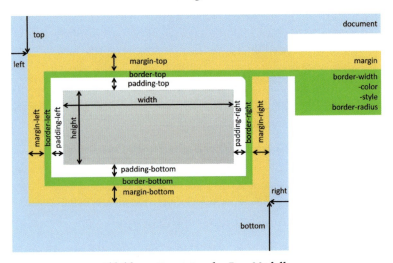

Abbildung: Bausteine des Box-Modells

Wichtig ist zu erkennen, dass die Angabe der Breite `width` und Höhe `height` nicht die endgültigen Maße, sondern die Dimensionen des Inhaltsbereichs abbilden. Wenn ein Rahmen die Box umschließt, muss für die Berechnung der endgültigen Breite der Rahmen doppelt berechnet werden, wenn der Rahmen auf allen Seiten gleich ist:

```
Breite = Rand * 2 + Rahmenbreite * 2 + Abstand * 2
```

```
Höhe = Rand * 2 + Rahmenbreite * 2 + Abstand * 2
```

Unterscheiden sich Ränder, Rahmenbreiten und Abstände, wird die Berechnung entsprechend aufwändiger.

Bausteine der Box

Die Bausteine der Box dienen dazu, jeden Teil einzeln mit Werten zu belegen. Der innere Bereich nimmt den Inhalt auf. Die Bausteine sind:

- `padding`: Der innere Abstand
- `border`: Der Rahmen
- `margin`: Der äußere Rand – Abstand zu anderen Elementen

Das es sich bei der Box um ein Rechteck handelt, sind jeweils vier Werte anzugeben:

- `top`
- `right`
- `bottom`
- `left`

Zählweise

Der Koordinatenursprung ist bei Bildschirmen und Druckseiten links oben. In einigen Regeln lassen sich gleich mehrere Werte angeben. In solchen Fällen werden die vier Werte in der gezeigten Reihenfolge interpretiert – beginnend mit `top` (links oben) und dann weiter im Uhrzeigersinn.

Die mit `margin` gebildeten Abstände sind horizontal absolut gültig. Vertikal dagegen können die Abstände unter bestimmten Umständen zusammenfallen (collapsed). Dies tritt auf, wenn weder

Rahmen (border) noch Abstand (padding) benutzt werden und keine Freistellung (clear) erfolgt. Dabei wird dann der untere Rand der oberen Box mit dem oberen Rand der unteren Box überlagert. Sind die Ränder unterschiedlich groß, wird der breitere Rand als gesamter Rand angenommen.

Ausnahmen

Von den Zusammenführungsregeln der Ränder gibt es eine ganze Reihe von Ausnahmen. Konsultieren Sie bei komplexeren Seiten die offizielle Dokumentation zu CSS.

Das Box-Modell in CSS3

In CSS3 wurde eine Erweiterung des Box-Modells eingeführt, die mehr Flexibilität bei der Zuweisung ermöglicht. Mithilfe der Eigenschaft box-sizing lässt sich spezifizieren, worauf sich die Angaben von width bzw. height beziehen sollen. Erlaubt sind dabei eine der folgenden Angaben:

- content-box: Standardwert, Angabe gilt nur für den Inhalt
- padding-box: Angabe gilt für Inhalt und Innenabstand
- border-box: Angabe gilt für Inhalt, Innenabstand und Rahmen
- inherit: box-sizing des Elternelements wird übernommen (Vererbung)

1.5 Beachtung von Medien

Mit CSS kann die Darstellung eines Dokuments für verschiedene Ausgabemedien festgelegt werden. Die Zuordnung eines Stylesheets zu einem Medium erfolgt mit Hilfe von Medienabfragen (Media Queries).

Als Medienabfrage wird eine Liste von Kriterien bezeichnet, die ein Ausgabemedium erfüllen muss, damit ein Stylesheet zur Verarbeitung eingebunden wird. Medienabfragen bestehen aus einem Medientyp (z.B. Bildschirm oder Drucker), einem Medienmerkmal (z.B. Farbfähigkeit) oder einer Kombination aus beidem. Mithilfe der Kombinationsmöglichkeit können Stylesheets auf eine Vielzahl von Ausgabemedien zugeschnitten werden.

 Media Queries können nicht in `style`-Attributen notiert werden.

Syntax

Die Angabe eines Medientyps erfolgt als einfaches Schlüsselwort, beispielsweise `screen`.

Wird keine Medienabfrage angegeben oder besteht die angegebene Abfrage nur aus Leerzeichen, so gilt der Standardwert `all`.

Medienabfrage im HTML-Dokument

```
1  <link rel="stylesheet" href="monitor.css" media="screen">
2  <link rel="stylesheet" href="printer.css" media="print">
```

Der Medientyp `print` sorgt dafür, dass das Stylesheet *printer.css* nur bei der Druckausgabe benutzt wird. Auf einem Bildschirm (`screen`) dagegen wird *monitor.css* aktiviert.

 Diese Vorgehensweise hat den Nachteil, dass beiden Stylesheets oft dieselben CSS-Regeln enthalten. Zudem werden mindestens zwei Dateien benötigt.

Sie können das Attribut media auch weglassen, dann gilt das betreffende Stylesheet für alle Medien. In der alternativen Datei müssen dann nur die Änderungen vermerkt werden.

Medienabfrage mit Standarddokument

```
1   <link rel="stylesheet" href="monitor.css">
2   <link rel="stylesheet" href="printer.css" media="print">
```

Die Regeln lassen sich alternativ auch direkt in der CSS-Datei unterbringen:

Regeln für Druckausgabe

```
1   @media print {
2       /* Regeln für Druckausgabe */
3   }
```

Medien haben bestimmte Merkmale, die die Auswahl der Regel modifizieren. Bei einem Bildschirm kann dies beispielsweise die Anzahl der Pixel sein. Präfixe wie min- und max- erlauben das Angeben von Bereichen.

```
1   <link rel="stylesheet" href="pt.css"
2       media="(orientation: portrait)">
```

Das Stylesheet *pt.css* wird eingebunden, wenn die Inhalte auf Seiten im Hochformat (portrait) ausgegeben werden.

```
1   <style type="text/css" media="(color)">
2       /* Farbangaben. */
3   </style>
```

Die im style-Element angegebenen Farbangaben werden verarbeitet, wenn das Ausgabemedium Farben darstellen kann. Ein Schwarz-Weiß-Drucker würde dann davon profitieren, dass über ihn keine schlecht lesbaren Farben ausgegeben werden (Gelb auf Weiß beispielsweise).

```
1  @import 'layout.css' (min-width: 150mm);
```

Das Stylesheet *layout.css* kommt zur Anwendung, wenn der Anzeigebereich des Ausgabemediums mindestens 150mm beträgt.

Medienabfragen können mit logischem ODER gruppiert werden. Wie bei den CSS-Selektoren wird dazu das Komma benutzt. Gruppierte Abfragen sind voneinander völlig unabhängig. Sobald mindestens eine der Abfragen zutrifft, werden die Deklarationen angewendet.

```
1  @media print, embossed {
2      /* Formate für Printmedien. */
3  }
```

In diesem Beispiel wird ein Stylesheet festgelegt, das sowohl für den Medientyp print als auch den Medientyp embossed verwendet werden kann.

Mehrere Medienmerkmale können mit dem Schlüsselwort and (und) verbunden werden. Ein Stylesheet wird nur dann verarbeitet, wenn alle damit verbundenen Kriterien erfüllt werden.

```
1  @media (min-width: 130mm) and (max-width: 160mm) {
2      /* Kompaktes Layout */
3  }
4  @media print and (color), screen and (color) {
5      /* Farbangaben */
6  }
```

Ist ein Medientyp am Anfang einer Medienabfrage notiert, so kann dieser Angabe das Schlüsselwort only oder das Schlüsselwort not vorangestellt werden. only (nur) erfüllt dabei nur den Zweck, die Medienabfrage vor Browsern zu verstecken, die diese und die damit verbundenen Kombinationsmöglichkeiten nicht unterstützen. Ansonsten wird die Abfrage verarbeitet, als wäre das Schlüsselwort nicht vorhanden. Wird einer Medienabfrage der Operator not (nicht) vorangestellt, so wird die Abfrage verneint.

```
1   @media only all and (min-width: 150mm) {
2     /* Layout */
3   }
4   @media not all and (monochrome) {
5     /* Farben */
6   }
```

Dieses Beispiel zeigt, wie Bildschirmen mit einem mindestens 150mm breiten Anzeigebereich Regeln zugewiesen werden. Ein Browser, der Medienabfragen versteht, ignoriert das Schlüsselwort only. Durch die Verneinung der Abfrage *monochrome* werden die Farbangaben von allen Medien verwendet, die mit Farbangaben umgehen können.

Umgang mit Einheiten

Eine Besonderheit betrifft relative Längenangaben wie *em* oder *ex*. Bei der Verarbeitung dieser Werte wird vom Standardwert des Browsers ausgegangen, der vom Benutzer definiert wurde. Normalerweise bezieht sich *em* auf die aktuelle Schrift, die ist aber auf der Ebene der Medienabfrage noch nicht definiert. Mehr zu Maßeinheiten finden Sie am Ende dieses Kapitels.

Jedes Merkmal kann auch ohne Wertangabe verwendet werden. In diesem Fall wird abgefragt, ob das Merkmal auf dem verwendeten Medium vorhanden ist.

```
1   @media (width) {
2     /* Das Ausgabemedium besitzt das Merkmal "Breite" */
3   }
4   @media (color) {
5     /* Das Ausgabemedium besitzt das Merkmal "Farbfähigkeit" */
6   }
```

Parameter

Das Merkmal width (Breite) beschreibt bei fortlaufenden Medien die Breite des Anzeigebereichs (Viewport) und bei paginierten Medien die Breite einer Seite. Die Präfixe *min-* und *max-* sind erlaubt, um Grenzen anzugeben.

```
1  @media (width: 60em) {
2    /* Breite entspricht genau 60em */
3  }
4  @media (min-width: 50em) {
5    /* Breite beträgt mindestens 50em */
6  }
7  @media (max-width: 70em) {
8    /* Breite beträgt höchstens 70em */
9  }
```

> Bei Merkmalen, die sich auf den Anzeigebereich beziehen ist es fast immer sinnvoll, eines der möglichen Präfixe zu verwenden, da die tatsächliche Anzeigebreite beim Benutzer nicht vorhersehbar ist.

Das Merkmal height (Höhe) beschreibt bei fortlaufenden Medien die Höhe des Anzeigebereichs (Viewport) und bei paginierten Medien die Höhe einer Seite. Die Präfixe *min-* und *max-* sind erlaubt, um Grenzen anzugeben.

Die Merkmale device-width (Geräte-Breite) und device-height (Geräte-Höhe) beschreiben die Breite bzw. Höhe des Ausgabegerätes, beispielsweise die Breite eines Bildschirms in Pixel. Der Wert ist eine positive Längenangabe. Die Präfixe *min-* und *max-* sind erlaubt, um Grenzen anzugeben.

```
1   @media (device-width: 800px) {
2     /* Breite entspricht genau 800 Pixel */
3   }
4   @media (min-device-width: 800px) {
5     /* Breite beträgt mindestens 800px */
6   }
7   @media (max-device-width: 1024px) {
8     /* Breite beträgt höchstens 1024px */
9   }
```

 Auch wenn ein Ausgabegerät bestimmte Abmessungen besitzt, sagt das nichts darüber aus, ob der verfügbare Bereich auch verwendet wird. Ebenso kann die Meldung der Pixel von den physischen Pixeln abweichen – dies ist z.B. bei Retina-Displays der Fall. Ebenso melden nicht alle Geräte ihre Orientierung durch Ändern der Werte. Bei Apple ist die Breite immer die Breite im Portrait-Modus – auch wenn der Benutzer das Tablet dreht und im Querfomat benutzt. Die Orientierung muss also ebenso beachtet werden.

Das Merkmal orientation (Orientierung) beschreibt das Seitenformat eines Ausgabemediums. Die Orientierung entspricht dem Wert landscape (Querformat), wenn der Wert des Merkmals width größer ist als der Wert des Merkmals height. Andernfalls entspricht die Orientierung dem Wert portrait (Hochformat). Der Wert ist eines der Schlüsselwörter portrait oder landscape.

```
1   @media (orientation: portrait) {
2     /* Formate für hochformatige Ausgabemedien */
3   }
```

Das Merkmal aspect-ratio (Seitenverhältnis) beschreibt das Verhältnis des Merkmals width zum Merkmal height. Der Wert ist ein Verhältniswert. Die Präfixe min- und max- sind hier erlaubt.

```
1   @media (aspect-ratio: 4/3) { /* Fall 1 */ }
2   @media (min-aspect-ratio: 4/3) { /* Fall 2 */ }
3   @media (max-aspect-ratio: 4/3) { /* Fall 3 */ }
```

In diesem Beispiel wird der Verhältniswert 4/3 den Varianten des aspect-ratio-Merkmals zugewiesen. Das Stylesheet wird verarbeitet, wenn das Seitenverhältnis des Anzeigebereichs (Viewport) genau 4 zu 3 entspricht (Fall 1). Das ist beispielsweise bei einem Anzeigebereich von 492 zu 369 Pixel der Fall. Das Stylesheet in Fall 2 wird angewendet, wenn das Seitenverhältnis 4/3 oder höher (z.B. 5/3 oder 6/3) beträgt. Im Fall 3 wird das Stylesheet entsprechend nur verarbeitet, wenn das Seitenverhältnis 4/3 oder geringer ist (beispielsweise 2/3 oder 1/3).

Das Merkmal device-aspect-ratio (Geräte-Seitenverhältnis) beschreibt das Verhältnis des Merkmals device-width zum Merkmal device-height. Die Anwendung erfolgt analog zum Merkmal aspect-ratio.

Das Merkmal color (Farbe) beschreibt die Anzahl der Bits, die ein Gerät pro Farbkomponente (das sind Rot, Grün oder Blau) verwendet. Kann das Ausgabegerät keine Farben anzeigen, ist der Wert 0 (Null) zutreffend. Wird für verschiedene Farbkomponenten eine unterschiedliche Anzahl an Bits verwendet, so zählt die niedrigste verwendete Bit-Anzahl des Geräts. Der Wert ist eine nicht negative Zahl.

```
1   @media (color: 2) { /* Einfaches Farblayout */ }
2   @media (min-color: 3) { /* Komplexes Farblayout */ }
3   @media (max-color: 2) { /* Einfaches Farblayout */ }
```

Das Merkmal color-index (Farbindex) beschreibt die Anzahl der Farbdefinitionen in der Farbtabelle des Ausgabemediums. Verfügt das Medium nicht über eine Farbtabelle, ist der Wert 0 (Null) zutreffend. Üblicherweise besitzen nur Medien eine Farbtabelle, deren Farbfähigkeit eingeschränkt ist.

```
1   @media (color-index: 16) {
2      /* genau 16 Farben stehen zur Verfügung */
3   }
4   @media (min-color-index: 20) {
5      /* Mindestens 20 Farben stehen zur Verfügung */
6   }
7   @media (max-color-index: 256) {
8      /* Höchstens 256 Farben stehen zur Verfügung */
9   }
```

 Die Unterstützung für color-index ist derzeit bei allen Browsern mangelhaft.

Das Merkmal monochrome (schwarz-weiß) beschreibt die Anzahl der Bits, die zur Beschreibung eines schwarz-weiß-Farbtons verwendet werden. Handelt es sich nicht um ein Gerät, das nur Graustufen darstellen kann (sondern auch Farben), ist der Wert 0 (Null) zutreffend.

```
1   @media (monochrome: 1) {
2      /* nur schwarz und weiß stehen zur Verfügung */
3   }
4   @media (min-monochrome: 4) {
5      /* Mindestens 16 Graustufen stehen zur Verfügung */
6   }
7   @media (max-monochrome: 8) {
8      /* Höchstens 256 Graustufen stehen zur Verfügung */
9   }
```

Das Merkmal light-level (Lichtstärke) beschreibt die Lichtverhältnisse der Umgebung, die durch den Helligkeitssensor der Kamera erfasst werden. Folgende Einstellungen sind möglich:

- dim: gedämpftes Licht
- normal
- washed: sehr hell, in Licht gebadet

Die Spezifikation verwendet absichtlich keine festen Lux-Werte, da viele Geräte eine eigene Kontrastanpassung vornehmen die Technologien zu unterschiedlich sind (E-Ink bleibt im Hellen leserlich, während Flüssigkristall-Displays keinen Kontrast mehr bieten). Da Helligkeitssensoren häufig nicht geeicht sind, ist die Reaktion schwer vorhersagbar.

```
1   @media (light-level: normal) {
2     p {
3       background: url("texture.jpg");
4       color: #333 }
5   }
6   @media (light-level: dim) {
7     p {
8       background: #222;
9       color: #ccc }
10    }
11  @media (light-level: washed) {
12    p {
13      background: white;
14      color: black;
15      font-size: 2em; }
16  }
```

Das Merkmal `pointer` (Zeiger) unterscheidet die Genauigkeit der Angabe. So kann die sonst oft schwierige Unterscheidung zwischen Touch-Geräten einerseits (Smartphones und Tablets, aber auch Konsolen wie die Wii) und Geräten mit Maus, Touchpad oder Eingabestiften getroffen werden. Folgende Einstellungen sind möglich:

- `fine`: für Geräte mit Maus, Touchpad oder Eingabestift
- `coarse`: für Geräte mit Touch- oder Gestensteuerung
- `none`: nur Tastatureingabe möglich

```
1   @media (pointer: coarse) {
2     input {
3       padding 1em;
4       font-size: 2em;
5     }
6   }
```

Bei Touchgeräten werden die Schriftgröße und der Innenenabstand des Eingabefelds entsprechend vergrößert.

Da die meisten Geräte mehrere Eingabemöglichkeiten haben, deren Gebrauch aber nicht vorhergesagt werden kann, kann man mit any-pointer herausfinden, ob es die Eingabegeräte überhaupt gibt. Sie können mit pointer und any-pointer nicht sicher auf bestimmte Geräte schließen. Allerdings können Sie in Kombination mit der Displaybreite sehr gut erkennen, ob jemand per Smartphone, Tablet oder Desktoprechner unterwegs ist. Dadurch können Sie Webseiten genauer für bestimmte Geräte optimieren.

Das Merkmal resolution (Auflösung) beschreibt die Auflösung, also die Dichtigkeit der Bildpunkte auf einem Ausgabemedium. Besitzt das verwendete Ausgabemedium keine rechteckigen Bildpunkte (beispielsweise Drucker), so kann das Merkmal nur in Verbindung mit einem Präfix verwendet werden. In diesem Fall prüfen Abfragen mit min-resolution die geringstmögliche, Abfragen mit max-resolution die höchstmögliche Dichtigkeit der Bildpunkte des Ausgabemediums ab.

```
1   @media (resolution: 96dpi) {
2     /* Die Auflösung beträgt 96 Bildpunkte pro Zoll */
3   }
4   @media (min-resolution: 200dpcm) {
5     /* Die Auflösung beträgt mindestens 200 Punkte pro cm */
6   }
7   @media (max-resolution: 300dpi) {
8     /* Die Auflösung beträgt höchstens 300 Punkte pro Zoll */
9   }
```

Das Merkmal scan (Abtasten) beschreibt den Bildaufbau von Ausgabegeräten des Typs *tv*. Dieser kann progressiv erfolgen, das entspricht etwa dem Bildaufbau auf einem Computerbildschirm, dann trifft der Wert progressive zu, oder mit Hilfe von Zeilenbildung (d.h. einzelne Bildzeilen werden nach und nach dargestellt), dann trifft der Wert interlace zu. Erlaubt sind die Werte progressive oder interlace.

```
1   @media (scan: progressive) {
2     /* Bildschirmlayout */
3   }
```

Das Merkmal grid (Raster) beschreibt die Rastereigenschaft von Ausgabemedien. Bei Ausgabegeräten, die Inhalte in einem Raster darstellen, trifft der Wert Eins (1) zu, andernfalls der Wert Null (0).

```
1   @media (grid: 0) {
2     /* Zahlreiche Schriftformatierungen */
3   }
```

1.6 Der Viewport

Zu den Grundlagen der Entwicklung für mobile Geräte gehört das Meta-Element viewport. Diese eine Zeile HTML-Code sorgt für eine korrekte Skalierung der Website beim ersten Aufruf auf dem mobilen Gerät.

Die Browser der mobilen Geräte gehen zuerst einmal davon aus, dass Websites nicht für sie ausgelegt sind und die Website-Breite die Display-Breite um einiges übersteigt. Der Browser-Viewport (Anzeigebereich) ist deshalb beispielsweise in Mobile Safari auf eine Breite von 980 Pixeln eingestellt, so dass die meisten Websites komplett zu sehen sind. Dies hat den Nachteil, dass die Inhalte sehr klein und Schriften nicht lesbar sind. Der Nutzer muss dann selbst hineinzoomen, um etwas erkennen zu können.

Viewport einstellen

Die Einstellung des Viewport lässt sich sehr einfach über ein HTML-Element anpassen. Weicht die eigene Website von der oben genannten Standardbreite ab, so kann man den Viewport anpassen. Dadurch kann man dafür sorgen, dass Inhalt und Anzeigebereich übereinstimmen. Bei schmaleren Layouts wird dadurch kein unnötiger Platz verschenkt, sondern die Website in der möglichen Maximalgröße dargestellt.

Startansicht von *apple.com* auf mobilen Geräten (links) und gezoomte Ausschnitt mit lesbarer Schrift (rechts):

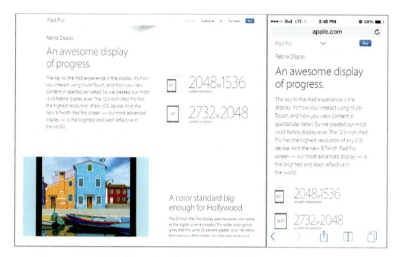

Abbildung: Website mit und ohne Zoom

Für die Änderung fügen Sie folgende Zeile in den Kopfbereich der Seite ein. Diese wird dann von mobilen Geräten ausgewertet.

```
1   <!DOCTYPE html>
2   <head>
3       <meta name="viewport" content="width=1024" />
4   </head>
5   <body>
6   </body>
```

Handelt es sich um Website, die speziell für mobile Geräte erstellt oder optimiert ist, geht man meist nicht den obigen Weg, eine fixe Breite für den Viewport anzugeben. Ein Smartphone hat beispielsweise im Hochformat eine logische Breite von 320px und im Querformat 480px (physikalisch wird der Wert höher sein). Dies hätte zur Folge, dass im Hoch- und Querformat die gleichen Inhalte, lediglich in einem unterschiedlichen Zoomlevel, gezeigt würden.

Stattdessen wird eine Formel verwendet, um passend umzurechnen:

```
Breite des Viewports = Breite des Devices
```

Hat das Smartphone nun eine Breite von 320px im Hochformat,
Werden genau 320px der Website gezeigt werden (1:1). Ebenso werden im Querformat dann 480px gezeigt. Diese flexible Einstellung
ist einerseits geräteunabhängig und ermöglicht es andererseits auch,
im Querformat den gewonnenen Platz in der Breite sinnvoll zu
nutzen.

Der folgende Vergleich zeigt den Effekt. Die Ansicht auf mobilem
Gerät mit Meta-Element im Quellcode *width=device-width* (linkes
Bild) und ohne (rechtes Bild):

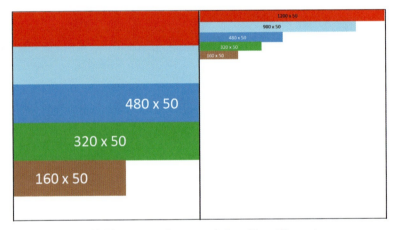

Abbildung: Ansicht mit und ohne Meta-Element

Viewport-Einstellungen

Das Meta-Element für den Viewport besitzt neben der Breite weitere Eigenschaften, die komma-separiert aufgelistet werden.

```
1   <meta name="viewport" content="width=device-width,
2                                  initial-scale=1.0,
3                                  user-scalable=no" />
```

initial-scale
    Der Wert legt den anfänglichen Zoomgrad fest. 1.0 führt

dazu, dass die Inhalte 1:1 dargestellt werden, dass heißt auf einem Screen mit 320px Breite füllt eine 320px-breite Grafik die komplette Breite aus (siehe auch Screenshot oben). Dementsprechend führt beispielsweise 2.0 zu einer 2x-fachen Vergrößerung.

user-scalable
> Mit diesem Attribut können Sie definieren, ob der Nutzer auf der Seite zoomen kann (yes) oder nicht (no).

minimum-scale und maximum-scale
> Diese beiden Eigenschaft ermöglichen es, den Zoomgrad einzuschränken. Setzen Sie die maximale Skalierung auf 2.0, kann der Inhalt maximal 2x-fach vergrößert werden.

1.7 Einheiten

CSS-Einheiten drücken eine Längenangabe aus. Diese wird für Breiten, Höhen, Abstände, Ränder usw. benötigt. Syntaktisch bestehen Einheitsangaben aus einer Zahl und einer Maßeinheit. Bei der Zahl 0 kann die Maßeinheit entfallen. Es gibt zwei Arten von Einheiten: absolute und relative.

Absolute Einheiten

Absolute Einheiten sind folgende:

- `cm`: Zentimeter
- `mm`: Millimeter
- `in`: Zoll (inch)
- `px`: Pixel
- `pt`: Punkt
- `pc`: Pica

Typografische Angaben

Typografische Einheiten wie Punkt und Pica sind
aus der Zeit des Papierdrucks übernommen worden.
Dort konnte man bei der Druckausgabe die Breiten
exakt definieren. 1 Pica sind 12 Punkt, 1 Punkt ist
1/72 Zoll. In der heutigen Welt der Bildschirme mit
vielen Größen, Breiten und Auflösungen sind solche
Angaben weitgehend sinnlos.

Die Beziehung zwischen Pixel (Bildschirmpunkt) und Zoll ist bei
Windows auf 1 Zoll = 2.54 cm = 96 Pixel festgelegt. Dabei liefern
Standardgeräte mit normaler Auflösung ein Verhältnis von 1 Ge-
rätepixel = 1 Pixel. Geräte mit hoher Auflösung, wie Drucker oder
Retina-Displays liefern *n* Gerätepixel = 1 Pixel. Dabei gilt in etwa
folgendes:

Tabelle: Medienabfrage im HTML-Dokument

System	Auflösung	Gerätepixel pro Pixel
Mac	72	1
Windows	96	1
Mobil low	120	1
Mobil medium	160	2
Mobil high	240	2
Retina	300	3

Wollen Sie die wirkliche Auflösung herausfinden, können Sie dies
nur mit der Angabe der Bildschirmbreite und -höhe und der Dia-
gonale des Bildschirms. Bei 4,65 Zoll (Smartphone) und 1280x720
Pixeln ergibt sich nach dem Satz des Pythagoras:

$$sqrt(1280^2 \text{ x } 720^2) / 4.65 = 315.8$$

Das wird auf 316 gerundet und die Vermarkter eines solchen Gerätes
machen meist plakative 320 dpi daraus. Dividiert durch 96 ergibt
sich ein Verhältnis von 1:3,33, was gerundet 3 Gerätepixel pro Pixel

ergibt.

Generell sollten absolute Angaben nur benutzt werden, wenn die Ausgabe sicher bestimmt werden kann. Das ist im Grunde nur bei Druckern möglich.

 Wenn Sie eine absolute Einheit benötigen, sollten Sie zu *px* greifen, wenn Sie auf einem Bildschirm ausgeben. Auf einem Drucker nutzen Sie am besten *mm* oder *pt.*

Relative Einheiten

Relative Einheiten nutzen einen bestimmten Ausgangspunkt von da kalkuliert man nur noch Verhältnisse. Verfügbar sind folgende Einheiten:

- em: Einheit der Font-Größe, basierend auf der Höhe in Pixel (1em ist die Größe in Pixel der Grundschrift)
- ex: Einheit der Font-Größe, basierend auf der Höhe des kleinen Buchstabens "x"
- ch: Einheit der Font-Größe, basierend auf der Breite der Ziffer "0"
- rem: Einheit der Font-Größe, basierend auf der Breite des kleinen Buchstabens "m" des Wurzelelements der Seite (body)
- vw: Relativ zu 1% der Breite des Viewports (bei 46 cm Bildschirmbreite sind 1vw = 0,46 cm)
- vh: Relativ zu 1% der Höhe des Viewports
- vmin: Relativ zu 1% der Breite der schmalen Seite des Viewports
- vmax: Relativ zu 1% der Breite der breiten Seite des Viewports
- %: Prozentual zum ursprünglichen Wert

Die in der Typografie benutzte Einheit *em* definiert die Größe des Buchstabens "M" ungefähr als Maß der Einheit. Dies ist bei CSS nicht der Fall, der Wert ist jedoch bei der Browserstandardschrift Times New Roman vergleichbar. Welchen konkreten Pixelwert der Browser nutzt ist allerdings nicht klar definiert, es sind keineswegs 12 Pixel wie oft behauptet und die häufiger anzutreffenden 16 Pixel sind keine Garantie.

Das folgende Bild zeigt, das bei der Standardschriftart (hier aus Firefox) tatsächlich 16 Pixel für den Buchstaben "M" benutzt werden und dass dies der Angabe 16px entspricht. Die rote Linie ist 16 Pixel breit. Als Schriftgröße wurde bei diesem Screenshot einmal 1em und einmal 16px eingestellt und jeweils dasselbe Ergebnis erzielt.

Ich bin 1 EM

Abbildung: Vermessung der Pixel der Einheit em

 Wenn Sie eine relative Einheit benötigen, greifen Sie zu *em* oder *rem*. Die Einheit *rem* hat den Vorteil, dass sie über die gesamte Seite hinweg konstant bleibt, *em* dagegen gilt für die jeweils aktuelle Schrift.

2. Einführung in Bootstrap

Bootstrap 4 steht allgemein über die Repositories Bower (via Github) und NPM (node package manager) zur Verfügung. Darüberhinaus können Sie es auch selbst erstellen und dazu den Quellcode direkt von der Website[1] beziehen. Bootstrap nutzt außerdem für die Rohdateien der Cascading Style Sheets die Sprache SASS – das ist ein Präcompiler, der in CSS übersetzt. Im Gegensatz zum Vorgänger Bootstrap 3, wo die primäre Sprache LESS war, wird in Bootstrap 4 SASS nativ benutzt.

2.1 Was ist neu in Bootstrap 4?

Dieser Abschnitt gibt einen Überblick über die Änderungen.

Globale Änderungen

Das Einheitensystem wurde nun von Pixel (px) auf *rem* (CSS) bzw. *em* (Media Queries) umgestellt. Der globale Font, der als Ausgangspunkt dient, wurde von 14 Pixel auf 16 Pixel erhöht. Dies ist vor allem eine Referenz an höher auflösende Displays mobiler Geräte.

Raster-System

Bislang gab es vier Rasterebenen: *xs, sm, md, lg*. Künftig gibt es eine weitere Ebene: *xl*. Dies dient der Unterstützung extrem großer Displays (3000x2000 Pixel und mehr).

---

[1]http://getbootstrap.com

Tabellen

Tabellen verfügen über neue Optionen:

- *.table-inverse* invertiert die Tabelle farblich
- *.thead-default* und *.thead-inverse* formatieren den Kopfbereich
- *.table-sm* erstellt kleinere Tabellen
- Alle Kontextklassen haben nun den Präfix *.table-*
- *.responsive-table* kann nun direkt dem Table-Element zugewiesen werden, der Container wird nicht mehr benötigt
- *.table-reflow* unterstützt Reflow-Tabellen (pivotierte Tabellen)

Formulare

Statt der speziellen Klasse *.form-horizontal* kann nun *.row* benutzt werden. Alle *.control--* und *.input--*Klassen wurden zu *.form-control-* vereinheitlicht. Damit entfallen auch die speziellen Klassen *.has-feedback* und *.help-block*.

Schaltflächen

Die Klassen *.btn-default* und *.btn-info* entfallen zugunsten von *.btn-secondary*. Neu ist *.btn-xx-outline* – eine umrahmte Schaltfläche. Die Klasse *.btn-xs* entfällt.

Klappmenüs

Statt `<ul><li>`-Strukturen lassen sich nun `<div><a>`-Blöcke direkt formatieren. Dazu dienen die Klassen *.dropdown-item* und *.dropdown-menu*. Die Klasse *.dropdown-header* lässt sich nun direkt auf `<h1>` usw. anwenden. Abständen werden mit `</div class="dropdown-divider">` erstellt anstatt dem bisherigen Verfahren mit `<li>`-Tags.

Panele

Die Anzeigeformen Wells, Panels und Thumbnails entfallen und werden durch eine neue Komponenten mit dem Namen Card ersetzt.

Sonstiges

Fortschrittsbalken können nun mit dem HTML-Element `<progress>` erstellt werden. Zitate benötigen die Klasse *.blockquote*.

2.2 Installation

Sie können Bootstrap von einem CDN (Content Delivery Network) laden oder lokal vorhalten.

CDN

Bootstrap ist via MaxCDN verfügbar. Ein CDN erlaubt es einer Website, häufig benötigte öffentliche Dateien von weltweit verteilten Servern abzurufen. Wenn ein Nutzer aus USA Ihre in Deutschland gehostete Website aufruft, dann wird das CDN dafür sorgen, dass die Bootstrap-Dateien von einem Server in den USA abgerufen werden. Dies entlastet Ihren Server, die Leitungen des Providers, das Internet insgesamt und der Benutzer erlebt einen schnelleren Ladevorgang. Im Grunde gewinnen dabei alle. Wenn Sie im Intranet programmieren sind CDN dagegen eher ungünstig. Wenn Sie nur lokale Nutzer in Deutschland erwarten, bringt ein CDN keinen Vorteil.

Die Bootstrap-Dateien werden bei der Nutzung des CDN folgendermaßen eingebunden:

```
1    <!-- Das neueste kompilierte und minimierte CSS -->
2    <link rel="stylesheet" href="https://maxcdn.bootstrapcdn.com/bootstr\
3    ap/4.0.0./css/bootstrap.min.css">
4
5    <!-- Optionales Theme -->
6    <link rel="stylesheet" href="https://maxcdn.bootstrapcdn.com/bootstr\
7    ap/4.0.0/css/bootstrap-theme.min.css">
8
9    <!-- Das neueste kompilierte und minimierte JavaScript -->
10   <script src="https://maxcdn.bootstrapcdn.com/bootstrap/4.0.0/js/boot\
11   strap.min.js"></script>
```

 ## Bootstrap 4 Alpha

Während dieses Buch entstand war die Alpha die aktuelle Version. Die Versionsangabe war *4.0.0.-alpha.5*. Wenn Sie diese Version benutzen, ersetzen Sie alle Versionsangaben der Art *4.0.0* entsprechend. Wenn Sie eine spätere Version benutzen, Beta oder Release Candidate, dann passen Sie die Versionen an. Die Ausgabe dieses Buches auf Leanpub und die Kindle-Version auf Amazon werden fortlaufend angepasst.

Repository für lokale Installation

Um eine lokale Kopie zu erhalten, nutzen Sie entweder **Bower**[2] oder **npm**[3]. Bower ist für allgemeine Front-End-Entwicklung, während npm (node package manager) stark auf *Node.js* ausgelegt ist. Wenn Sie in Ruby on Rails entwickeln, sollten sich das Gem **Bootstrap for SASS /** *bootstrap*[4] anschauen.

---

[2]http://bower.io
[3]https://www.npmjs.com/
[4]https://github.com/twbs/bootstrap-rubygem

Mit Bower installieren

Sie können Bootstrap SASS, CSS, JavaScript und Schriften mit Hilfe von Bower installieren und verwalten.

$ bower install bootstrap#4.0

Bower ruft Daten nicht aus einem eigenen Repository ab, sondern direkt von GitHub. Bower selbst ist ein Node-Paket, benötigt also Node. Wenn Sie noch nicht mit Bower gearbeitet haben, beachten Sie deshalb folgende Voraussetzungen:

- Installieren Sie zuerst einen Git-Client passend für Ihr Betriebssystem
- Installieren Sie Node.js – das bringt den Node Packet Manager **npm** automatisch mit
- Installieren Sie Bower mittels npm:

$ npm install bower -g

Mit npm installieren

Mit Hilfe von **npm** wird Bootstrap folgendermaßen installiert:

$ npm install bootstrap@next

Wenn Sie **npm** benutzen, werden Sie vermutlich *Node.js* einsetzen. Binden Sie Bootstrap dann folgendermaßen ein:

```
require('bootstrap')
```

Dieser Befehl lädt Bootstraps jQuery-Plugins in das jQuery-Objekt. Das Modul *bootstrap* selbst exportiert nichts. Sie können die jQuery-Plugins individuell laden, indem Sie */js/.js*-Dateien im obersten Verzeichnis des Pakets laden.

Bootstraps *package.json* enthält einige zusätzliche Metadaten unter den folgenden Schlüsseln:

- sass: Pfad zu Bootstraps SASS-Quelldateien
- style: Pfad zu Bootstraps nicht-minimiertem CSS, das mit den Standardeinstellungen vorkompiliert wurde (ohne Anpassungsmöglichkeit)

Bootstrap wird in Version 4 mit SASS[5] entwickelt. Schauen Sie beim Herunterladen auf die aktuellen Informationen, um sicherzustellen, dass Sie den richtigen Präkompiler einsetzen. SASS ist auf allen Plattformen verfügbar. Bootstrap verwendet *Autoprefixer*, um mit den Vendor-Präfixen in CSS zu arbeiten. Falls Sie Bootstrap von der SASS-Quelle kompilieren möchten und nicht das mitgelieferte Gruntfile verwenden, muss Autoprefixer selbst in den Build-Vorgang integriert werden. Falls vorkompilierte Bootstrap-Dateien oder das Gruntfile verwendet werden, ist *Autoprefixer* bereits eingebunden. Die Vorgehensweise gilt für Gulp und andere Task Runner äquivalent, wenn diese eingesetzt werden sollen.

Bootstrap kann in zwei Arten von Paketen heruntergeladen werden – die kompilierte Version und zusätzlich minimierte Varianten. Bootstrap benötigt jQuery als Grundlage der Komponenten.

2.3 Struktur der CSS-Dateien

Die vollständige Struktur einer Umngebung, die Bootstrap verwendet, sieht folgendermaßen aus:

---

[5] http://sass-lang.com/

```
 1    bootstrap/
 2    ├── css/
 3    │    ├── bootstrap.css
 4    │    ├── bootstrap.css.map
 5    │    ├── bootstrap.min.css
 6    │    ├── bootstrap.min.css.map
 7    │    ├── bootstrap-flex.css
 8    │    ├── bootstrap-flex.css.map
 9    │    ├── bootstrap-flex.min.css
10    │    ├── bootstrap-flex.min.css.map
11    │    ├── bootstrap-grid.css
12    │    ├── bootstrap-grid.css.map
13    │    ├── bootstrap-grid.min.css
14    │    ├── bootstrap-grid.min.css.map
15    │    ├── bootstrap-reboot.css
16    │    ├── bootstrap-reboot.css.map
17    │    ├── bootstrap-rebooot.min.css
18    │    └── bootstrap-rebooot.min.css.map
19    ├── js/
20    │    ├── bootstrap.js
21    │    └── bootstrap.min.js
22    Font-Awesome/
23    ├── css/
24    │    ├── fontawesome.css
25    │    ├── fontawesome.css.map
26    │    ├── fontawesome.min.css
27    ├── fonts/
28    │    ├── fontawesome-webfont.eot
29    │    ├── fontawesome-webfont.svg
30    │    ├── fontawesome-webfont.ttf
31    │    ├── fontawesome-webfont.woff
32    │    └── fontawesome-webfont.woff2
33    Tether/
34    ├── js/
35    │    └── tether.js
36    └── css/
37    │    ├── tether.css
38         └── tether.min.css
```

Vorkompilierte Dateien sind die einfachste Methode, Bootstrap zu nutzen. Die *min*-Versionen sind zusätzlich minimiert (verdichtet). Die *map*-Dateien dienen dazu, die minimierten Versionen im Browser debuggen zu können – sie verbinden die vollständige Version mit der minimierten.

Tether ist ein Zusatzmodul für Popover und Tooltips. Zusätzlich wird in jedem Fall jQuery benötigt.

 Minimizer

Wenn Sie einen Minimizer (manchmal auch Minifier/Uglifier genannt) in Ihrem Projekt benutzen, übergeben Sie die nicht minimierten Dateien. Manche Minimizer zerstören den Code, wenn er bereits mit einem anderen Minimizer verdichtet wurde.

Neben dem CSS und JavaScript enthält die Distribution auch Fonts, die die Symbole liefern. Schriftartensymbole sind eine besonders kompakte und einfache Methode, um einfarbige Symbole in Websites einzubinden.

2.4 Seitenaufbau

Nachdem alles bereit ist, können Sie die erste Seite erstellen. Diese Seite sollte das Basislayout der gesamten Applikation liefern. Eine erste Version könnte folgendermaßen aussehen:

```
1  <!DOCTYPE html>
2  <html lang="en">
3    <head>
4      <meta charset="utf-8">
5      <meta name="viewport" content="width=device-width, initial-scale\
6  =1, shrink-to-fit=no">
7      <meta http-equiv="x-ua-compatible" content="ie=edge">
8
9      <link rel="stylesheet" href="https://maxcdn.bootstrapcdn.com/boo\
10 tstrap/4.0.0/css/bootstrap.min.css" crossorigin="anonymous">
11   </head>
12   <body>
```

```
13      <h1>Hallo Bootstrap 4</h1>
14
15      <script src="https://ajax.googleapis.com/ajax/libs/jquery/2.1.4/\
16      jquery.min.js"></script>
17      <script src="https://maxcdn.bootstrapcdn.com/bootstrap/4.0.0/js/\
18      bootstrap.min.js" crossorigin="anonymous"></script>
19    </body>
20  </html>
```

Die drei ersten Metatags ab Zeile 4 müssen am Anfang des `<head>`-Blocks stehen. Die Bedingung in Zeile 12 dient nur der Unterstützung des Internet Explorers 8. Wenn Sie diesen veralteten Browser nicht mehr unterstützen, kann der gesamte Block bis Zeile 15 entfallen. Beachten Sie, dass im Beispiel die Dateien für die IE8-Unterstützung und jQuery von CDNs abgerufen werden. Ändern Sie dies, indem Sie die Dateien herunterladen und lokal ablegen.

 Wenn Sie diese Seite lokal, via *file:///* betrachten, dann funktionieren einige Teile nicht wie erwartet. Versuchen Sie alle Entwicklungsschritte immer mit einem lokalen Webserver auszuführen (Visual Studio mit IIS Express, IIS, Node.js oder ein lokaler Apache sind perfekt dafür).

Beachten Sie, dass Bootstrap selbst (Zeile 21) nach jQuery (Zeile 20) geladen werden muss.

 Laden Sie jQuery nur dann von einem CDN, wenn die Website später öffentlich sein soll. Für das Intranet ist eine lokale Kopie besser geeignet.

2.5 Browserunterstützung

Auch bei Bootstrap ist die Browserunterstützung ein Thema. Es wurde viel Aufwand getrieben, um hier möglichst viele Browser

und Plattformen zu erreichen. Aktuell sieht dies folgendermaßen
aus:

Tabelle: Browserunterstützung

	Chrome	Firefox	Internet Explorer	Opera	Safari
Android	OK	OK	N/A	Nicht möglich	N/A
iOS	OK	N/A	Nicht möglich	Nicht möglich	OK
MacOS X	OK	OK	Nicht möglich	OK	OK
Windows	OK	OK	OK	OK	Nicht möglich

Chromium und Chrome für Linux, Firefox für Linux und Internet
Explorer 7 sollten funktionieren, werden aber nicht offiziell unter-
stützt. Die breiteste Abdeckung mit Browsern haben Sie derzeit auf
MacOS und auf Windows.

2.6 ARIA

Die Unterstützung von barrierefreien Anwendungen (Accessible
Rich Internet Applications Suite = ARIA[6]) ist eigentlich ein HTML-
Thema. Einige Beispiele im Text sind darauf bereits ausgerichtet und
tragen diese Attribute. Hier eine Übersicht, wie das funktioniert.
Bootstrap unterstützt ARIA implizit und umfassend, sodass das
Thema hier gut reinpasst.

HTML5 – Das role-Attribut

Die role-Attribute werden in die relevanten HTML-Tags gesetzt.
Sie verbessern die semantische Auszeichnung und helfen damit

---

[6]http://www.w3.org/TR/wai-aria/

Screenreadern und anderen für den barrierefreien Zugang benutzten Geräten bei der korrekten Ausgabe:

- `banner`: Das Element ist ein Banner
- `complementary`: Das Element ergänzt einen Bereich, meist anstatt eines `<aside>`
- `content`: Regulärer Inhalt
- `info`: Zusatzinformationen
- `form`: Formular
- `main`: Hauptbereich
- `navigation`: Navigationsbereich
- `search`: Suchformular

Die folgenden `role`-Atribute beschreiben die Struktur der Seite:

- `article`: Artikel (Text)
- `columnheader`: Spaltenkopf
- `definition`: Definition
- `directory`: Verzeichnis
- `document`: Dokument
- `group`: Gruppe
- `heading`: Kopfbereich
- `img`: Bilder
- `list`: Liste
- `listitem`: Listenelement
- `math`: Mathematische Formel
- `note`: Notiz oder Ergänzung
- `presentation`: Präsentation, Anzeigeunterstützung
- `region`: Bereich
- `row`: Reihe
- `rowheader`: Kopf einer Reihe (links der Reihe)
- `separator`: Trennlinie in Menüs oder Listen

- `toolbar`: Werkzeugleiste

Ein Anwendungsbeispiel:

```
<hr role="separator" />
```

In Tags wie `<nav>` oder `<aside>` ist das `role`-Attribut redundant. Folgendes ist also nicht erforderlich:

```
1  <nav role="navigation">
2  <aside role="complementary">
```

ARIA kein Thema?

Neben dem barrierefreien Zugang erleichtern die semantischen Attribute auch die Wartung und Pflege des Quelltextes. Es ist allemal einfacher mit `role="banner"` zu arbeiten, als mit Dutzenden verschachtelten `<div>`-Elementen.

2.7 Optimierung

Korrekt erstellte Bootstrap-Seiten können um einiges größer ausfallen als klassische HTML-Seiten. Die Stabilität der Seiten hat ihren Preis. Sie sollten daher sorgfältig abwägen, wie Elemente erstellt werden. Ein typisches Beispiel sind lange Listen mit vielen Optionen. Hier kommen neben den Listenelementen auch viele Schaltflächen oder Menüs zum Einsatz. Vor allem bei serverseitig generiertem Code erscheint dies unkritisch und verursacht wenig Aufwand. Hier ein Beispiel:

```
1   <ul class="list-group">
2     <li class="list-group-item">Erstes Element
3     <div class="btn-group">
4       <button type="button"
5               class="btn btn-default dropdown-toggle"
6               data-toggle="dropdown" aria-haspopup="true"
7               aria-expanded="false">
8         Aktion <span class="caret"></span>
9       </button>
10      <ul class="dropdown-menu">
11        <li><a href="#">Löschen</a></li>
12        <li><a href="#">Verschieben</a></li>
13        <li><a href="#">Unbenennen</a></li>
14        <li role="separator" class="divider"></li>
15        <li><a href="#">Runterladen</a></li>
16      </ul>
17    </div>
18    </li>
19    <li>... weitere Elemente</li>
20    <li>... weitere Elemente</li>
21  </ul>
```

Diese Liste benötigt ca. 530 Zeichen, in UTF-16 sind das mehr als 1 KByte (bei UTF-8 werden nur die Zeichen außerhalb von ASCII mit mehreren Zeichen belegt). Wenn Sie 40 Elemente auf der Seite anzeigen, was aufgrund des Dropdowns optisch kein Problem ist, sind das 40 KByte HTML bei einer Nutzlast von grob geschätzt 2 KByte (40 mal der Text pro Eintrag mit 50 Bytes). Hier lohnt es sich, JavaScript einzusetzen.

Das folgendes Skript definiert einmal eine Vorlage mit dem Code und das JavaScript im folgenden Listing fügt ihn dann zur Laufzeit an jedes Listelement an. Zur Steuerung werden HTML5-Attribute benutzt.

```
1   <ul class="list-group" data-list-target>
2     <li class="list-group-item">Erstes Element</li>
3     <li>...weitere Elemente</li>
4     <li>...weitere Elemente</li>
5   </ul>
6   <div class="btn-group" data-list-template>
7     <button type="button"
8             class="btn btn-default dropdown-toggle"
9             data-toggle="dropdown" aria-haspopup="true"
10            aria-expanded="false">
11      Aktion <span class="caret"></span>
12    </button>
13      <ul class="dropdown-menu">
14        <li><a href="#">Löschen</a></li>
15        <li><a href="#">Verschieben</a></li>
16        <li><a href="#">Unbenennen</a></li>
17        <li role="separator" class="divider"></li>
18        <li><a href="#">Runterladen</a></li>
19      </ul>
20  </div>
```

Nun wird mittels JavaScript der durch `data-list-template` adressierte Code (Zeile 6) ausgelesen und dann geklont an die durch `data-list-target` erreichbare Liste angehängt. Benutzt wird hier jQuery:

```
1   // Ausführung, wenn das Dokument geladen wurde.
2   $(function(){
3     // Template laden, klonen und verstecken
4     var template = $('[data-list-template]').hide().clone();
5     // List-Elemente suchen, kopierte Vorlage anhängen, anzeigen
6     $('[data-list-target] li').append($(template).show());
7   });
```

Das Skript kostet nur ca. 250 Byte (130 Zeichen ohne die Kommentare). Statt maximal 40 KByte benötigt diese Lösung also weniger als 2.5 KByte – wenn man es plakativ haben will sind das 6% der ursprünglichen Größe oder eine Verringerung um 94%. Zudem kann der JavaScript-Code ausgelagert und im Browser gecached werden.

Interaktive Oberflächen

Das Skript lässt sich noch so verfeinern, dass die Schaltflächen nur auftauchen, wenn der Mauszeiger über dem Eintrag schwebt. Das append wird nur ausgeführt, wenn ein mouseenter auftaucht und bei mouseleave werden alle Schaltflächen entfernt. Achten Sie darauf, dass Ereignisse immer per $(document).on('click') erstellt werden, damit es auch mit den dynamisch angehängten Elementen klappt. Tipp: RTFM von jQuery!

3. Struktur der Seite

Bootstrap realisiert ein horizontales Raster auf der Seite, in dem dann Elemente platziert werden. Das Raster läuft von links nach rechts.

3.1 Einführung

Die Basis für das Raster ist eine feste, gleichmäßige Unterteilung der Seite. Zudem werden damit bestimmte Einstellungen des Sichtbereichs – der sogenannte Viewport – ermöglicht.

Der HTML5-Doctype

Der erste Schritt hin zur Nutzung von Bootstrap besteht darin, die Webseite auf HTML 5 einzustellen. Dies erfolgt mit dem richtigen Doctype:

```
1   <!DOCTYPE html>
2   <html lang="en">
3       ...
4   </html>
```

Einstellungen des Sichtbereiches

Damit mobile Geräte von vornherein unterstützt werden, wird nun der Viewport eingestellt. Das erste Tag im <head>-Bereich ist deshalb das folgende Meta-Tag:

```
1  <meta name="viewport"
2        content="width=device-width, initial-scale=1" />
```

Bestimmt wird hier das Zoom-Verhalten und die am Anfang benutzte Skalierung. Das Zoom-Verhalten kann mit user-scalable=no
abgeschaltet werden. Die Applikation fühlt sich dann ein wenig so
an, wie eine native App auf dem mobilen Gerät.

 ### Zoom abschalten

Es ist riskant, die Zoom-Funktion abzuschalten. Benutzer mit eingeschränkten Sehfähigkeiten oder Nutzer besonders kleiner Bildschirme können darauf an-
gewiesen sein. Wenn sich eine mobile Webseite wie
eine native App verhalten soll, muss sie auch von
Grund auf wie eine App programmiert werden.

```
1  <meta name="viewport"
2        content="width=device-width,
3                initial-scale=1,
4                maximum-scale=1,
5                user-scalable=no">
```

3.2 Das Raster-System

Schon in den Anfangsjahren des Web wurde versucht, einer Seite
durch eine Art virtuelles Raster (grid) eine Struktur zu geben. Dazu
kamen anfangs meist Tabellen zum Einsatz. Tabellen sind jedoch
in ihrer horizontalen Ausdehnung starr – der Inhalt bestimmt die
Breite. Eine Skalierung auf einen kleineren Bildschirm ist damit
nicht möglich.

Aus der Idee der Tabelle entstand die Vorgehensweise, statt der
Zellen einfach <div>-Tags zu nehmen und diese mittels CSS gitter-
förmig abzulegen. Wer dies einmal selbst probiert hat wird schnell

gemerkt haben, dass der Ansatz alles andere als trivial ist. CSS-Rahmenwerke liefern deshalb für diesen Teil eine solide Grundlage. Tatsächlich ist das Raster eher eine Anordnung von Streifen, in die der Bildschirm in der Breite geteilt wird, um in eben dieser Breite anpassbar zu sein.

Container

Bootstrap nutzt ein Container-Element, um die Seite einzuleiten und eine Basis für das Raster zu finden. Container können mehrfach auf der Seite benutzt, sollten aber nicht verschachtelt werden.

```
1  <div class="container">
2      ...
3  </div>
```

Container dieser Art liefern ein festes, zentriertes und responsives Raster. Das heißt, die Breite passt sich in Sprüngen dem Gerät an und bleibt dann innerhalb eines Bereiches stabil. Die Sprungbereiche werden auch als "Breakpoints" bezeichnet – Umbruchpunkte. Wenn Sie den Begriff bereits aus der Softwareentwicklung kennen – damit haben die Breakpoints in Bootstrap nichts zu tun.

Alternativ kann die Klasse *.container-fluid* benutzt werden, die immer die volle Breite des Gerätes nutzt:

```
1  <div class="container-fluid">
2      ...
3  </div>
```

Das Raster im Detail

Das Raster wird durch zwölf (12) gleichbreite Spalten gebildet. Vordefinierte Klassen können benutzt werden, um Elemente ab einer bestimmten Spalte und über eine Anzahl Spalten hinweg zu platzieren.

Innerhalb der Spalten lassen sich Reihen festlegen, um eine wech-
selnde Nutzung der Spaltenbreiten zu erlauben. Die Vorgehensweise sollte sich an einigen wenigen Regeln orientieren:

- Reihen (*.row*) müssen in einem Container sein (*.container*
  (feste Breite) oder *.container-fluid* (volle Breite).
- Reihen werden benutzt, um mehrere Elemente horizontal
  nebeneinander zu platzieren
- Spalten (*.col-xx-n*) werden in Reihen platziert. Nur Spalten-
  elemente sind unmittelbare Kindelemente von Reihen.
- Spaltenabstände (Lücke zwischen Spalten) werden mit *padding*-Regeln definiert. Diese Abstände werden links von der
  ersten Spalte und rechts der letzten Spalte mit negative Abständen (*margin*) ausgeglichen. Dadurch ist Inhalt außerhalb
  des Rasters linksbündig gleich ausgerichtet.
- Umspannen Elemente mehrere Spalten, die innerhalb einer
  Reihe platziert werden, und überschreiten die Elemente die
  Grenze von zwölf Spalten, dann wird die gesamte Gruppe
  umgebrochen.

Der Aufbau der Spaltenklassen ist einfach:

- Die Einleitung beginnt mit *col-*
- Der mittlere Teil bestimmt die Zuständigkeit für Bildschirm-
  breiten (*xs, sm, md, lg*) – die Breakpoints
- Die Zahl am Ende bestimmt die Anzahl der Spalten (1 bis 12)

Wenn Sie die Klasse *.col-xs-4* nutzen, können Sie also 3 solcherma-
ßen dekorierte Elemente nebeneinander anordnen (3 * 4 = 12). Die
Breitendefinition gilt, bis sie überschrieben wird. Wenn Sie *.col-md-
2* nutzen, *.col-lg-2* aber nicht, gilt "md" auch für sehr große Geräte.

Gerätespezifische Definitionen

Kleine Geräte mit weniger als 768px werden nicht separat definiert, denn diese Geräteklasse ist bereits der Standardwert. Die Angaben in den Variablen sind folgendermaßen definiert:

- "xs": < 768px
- "sm": ≥ 768px
- "md": ≥ 992px
- "lg": ≥ 1200px

```
1   @media (min-width: @screen-sm-min) { ... }
2
3   @media (min-width: @screen-md-min) { ... }
4
5   @media (min-width: @screen-lg-min) { ... }
```

Aus den Breiten ergeben sich die Dimensionen der 12 Spalten.

Tabelle: Position der Breakpoints

Symbol	Gerätebreite	Containerbreite	Spaltenbreite
xs	< 544px	automatisch	automatisch
sm	≥ 544px	750px	62px
md	≥ 768px	970px	81px
lg	≥ 992px	1170px	97px
xl	≥ 1200px	1570px	112px

Änderung zu Bootstrap 3

Beachten Sie, dass sich die Unterbrechungspunkte gegenüber Bootstrap 3 verschoben haben. Der höchste Wert (1200px) ist immer noch der höchste in der Liste, trägt nun aber den Namen *xl*. Neu ist der kleinste Wert 544 Pixel mit der bisher schon benutzten Bezeichnung *xs*.

Die Breite des Abstands zwischen Spalten ist 30 Pixel (15 auf jeder Seite).

Im folgenden Beispiel werden nur "md"-Klassen benutzt. Diese werden erst ab der Breite von 920px gültig. Die DIV-Elemente werden deshalb auf kleinen Geräten untereinander angeordnet – erst auf Desktops mit ausreichend Breite erscheinen die Elemente nebeneinander.

Listing: Musterraster (Grid.html)

```
 1  <div class="container">
 2    <div class="row">
 3      <div class="col-md-1">1</div>
 4      <div class="col-md-1">2</div>
 5      <div class="col-md-1">3</div>
 6      <div class="col-md-1">4</div>
 7      <div class="col-md-1">5</div>
 8      <div class="col-md-1">6</div>
 9      <div class="col-md-1">7</div>
10      <div class="col-md-1">8</div>
11      <div class="col-md-1">9</div>
12      <div class="col-md-1">10</div>
13      <div class="col-md-1">11</div>
14      <div class="col-md-1">12</div>
15    </div>
16    <div class="row">
17      <div class="col-md-8">1-8</div>
18      <div class="col-md-4">9-12</div>
19    </div>
20    <div class="row">
21      <div class="col-md-4">1-4</div>
```

```
22      <div class="col-md-4">5-8</div>
23      <div class="col-md-4">9-12</div>
24    </div>
25    <div class="row">
26      <div class="col-md-6">1-6</div>
27      <div class="col-md-6">7-12</div>
28    </div>
29  </div>
```

Mit ein paar Stilen zum Verdeutlichen der Bereiche sieht dies dann folgendermaßen aus:

1	2	3	4	5	6	7	8	9	10	11	12
1-8								9-12			
1-4				5-8				9-12			
1-6						7-12					

Abbildung: Das Raster-System (Desktop)

Auf einem mobilen Gerät erzeugt derselbe Code folgendes Raster:

1
2
3
4
5
6
7
8
9
10
11
12
1-8
9-12
1-4
5-8
9-12
1-6
7-12

Abbildung: Das Raster-System (Mobil)

Nun kann es vorkommen, dass mobile Geräte ausreichend Platz bieten, um zumindest einige Spalten nebeneinander darzustellen. Dazu werden weitere Definitionen mit *.col-xs--* und *.col-md--*Klassen hinzugefügt.

Die erste Reihe zeigt, dass auf kleinen Geräten alle 12 bzw. die ersten 6 Spalten benutzt werden. Wird der Bildschirm größer, werden jedoch nur 8 bzw. 4 Spalten benutzt (die dann breiter sind). Die zweite Reihe nutzt 50% des Bildschirms auf kleinen Geräten und 33% auf großen. Die dritte Reihe nutzt immer 50% Breite, egal welches Gerät ("xs" skaliert hoch, wenn keine weitere Definition folgt).

Listing: Musterraster (Grid_xs.html)

```html
<div class="row">
    <div class="col-xs-12 col-md-8">12 or 8</div>
    <div class="col-xs-6 col-md-4">6 or 4</div>
</div>

<div class="row">
    <div class="col-xs-6 col-md-4">50% or 33.4%</div>
    <div class="col-xs-6 col-md-4">50% or 33.4%</div>
    <div class="col-xs-6 col-md-4">50% or 33.4%</div>
</div>

<div class="row">
    <div class="col-xs-6">.col-xs-6</div>
    <div class="col-xs-6">.col-xs-6</div>
</div>
```

12 oder 8		6 oder 4
50% oder 33.4%	50% oder 33.4%	50% oder 33.4%
.col-xs-6		.col-xs-6

Abbildung: Variables Raster-System (Desktop)

Auf einem mobilen Gerät erzeugt derselbe Code folgendes Raster:

12 oder 8	
6 oder 4	
50% oder 33.4%	50% oder 33.4%
50% oder 33.4%	
.col-xs-6	.col-xs-6

Abbildung: Variables Raster-System (Mobil)

Werden mehr Klassen verwendet, ist eine weitere Abstufung möglich. Mit der Variante "sm" werden beispielsweise einige Tablets explizit erreicht.

Listing: Abgestuftes Raster (Grid_Tablet.html)

```
1   <div class="row">
2       <div class="col-xs-12 col-sm-6 col-md-8">
3           Small: 12 Tablet: 6 Large: 8
4       </div>
5       <div class="col-xs-6 col-md-4">
6           Small: 6 Large: 4
7       </div>
8   </div>
9   <div class="row">
10      <div class="col-xs-6 col-sm-4">A Small: 6 Tablet: 4</div>
11      <div class="col-xs-6 col-sm-4">B Small: 6 Tablet: 4</div>
12      <!-- Optional: Wrap at different height -->
13      <div class="clearfix visible-xs-block"></div>
14      <div class="col-xs-6 col-sm-4">C Small: 6 Tablet: 4</div>
15  </div>
```

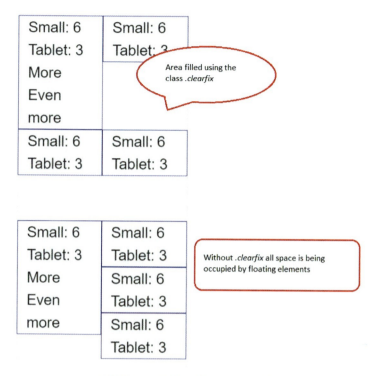

Abbildung: Tablet (oben) versus Phone

Die Grenze von 12 Spalten ist nicht absolut und Inhalte werden nie abgeschnitten. Was nicht in das Raster passt, wird einfach auf die nächste virtuelle Zeile verschoben. Elemente, die in einer Spaltendefinition stehen, werden als ganzes verschoben.

Listing: Musterraster (Grid_Break.html)

```
1  <div class="row">
2      <div class="col-xs-9">9</div>
3      <div class="col-xs-4">4<br>And more content...</div>
4      <div class="col-xs-6">6<br>More columns hereafter.</div>
5  </div>
```

In dieser Reihe werden erst 9 Spalten und dann 4 angefordert. Das sind 13 und diese Breite passt nicht in 12. Deshalb wird das zweite

Element (Zeile 3), dass 4 Spalten überspannt, auf die nächste Zeile verschoben. Weitere Spalten ordnen sich einfach dahinter an.

Abbildung: Umbruch außerhalb des Rasters

Beim Umbrechen der Elemente kann es vorkommen, dass der Inhalt zu unterschiedlichen Höhen führt. Die DIV-Elemente, die meist zum Einsatz kommen, dehnen sich soweit in der Höhe aus, bis alles reinpasst. Zwar können Sie theoretisch ein Clipping – das Abschneiden des Inhalts – nutzen, aber dies dürfte in den allermeisten Fällen nicht gewünscht sein. Eine Kombination aus .clearfix und weiteren Hilfsklassen führt eher zum Erfolg.

```
1   <div class="row">
2       <div class="col-xs-6 col-sm-3">
3           Small: 6 Tablet: 3<br />
4           More<br />
5           Even more
6       </div>
7       <div class="col-xs-6 col-sm-3">Small: 6 Tablet: 3</div>
8       <div class="clearfix visible-xs-block"></div>
9       <div class="col-xs-6 col-sm-3">Small: 6 Tablet: 3</div>
10      <div class="col-xs-6 col-sm-3">Small: 6 Tablet: 3</div>
11  </div>
```

Das folgende Bild zeigt den Effekt: Oben mit .clearfix (Zeile 8), unten ohne:

Small: 12 Tablet: 6 Large: 8		Small: 6 Large: 4
A Small: 6 Tablet: 4	B Small: 6 Tablet: 4	
C Small: 6 Tablet: 4		

Small: 12 Tablet: 6 Large: 8	
Small: 6 Large: 4	
A Small: 6 Tablet: 4	B Small: 6 Tablet: 4
C Small: 6 Tablet: 4	

Abbildung: Berücksichtigung unterschiedlicher Höhen

Ausnutzen der Breite

Um die volle Breite zu nutzen, wird *.container-fluid* benutzt:

```
1  <div class="container-fluid">
2    <div class="row">
3      ...
4    </div>
5  </div>
```

Dabei wird der linke und rechte Rand von jeweils 15px so platziert, dass das Element im Container den Raum optimal nutzt.

Abbildung: Normaler Container (oben) und mit *-fluid* (unten)

 In den folgenden Beispielen wird meist auf das Container-Element verzichtet, um den Code kompakt zu halten. Sie müssen in der Praxis dennoch ein Container-Element einsetzen.

Offsets – Verschieben der Startspalte

Offsets verschieben den Startpunkt einer Spalte nach rechts. Dabei wird vom jeweils gültigen Punkt aus ausgegangen. Bereits belegte Spalten verschieben also den Startpunkt bereits, das Offset kommt noch hinzu. Benutzt werden Klassen, die *.col-xx-offset-* usw. heißen (xx steht wieder für eine der Basisbreiten der Media-Abfragen).

Listing: Offset nutzen (Grid_Offset.html)

```
1   <div class="row">
2     <div class="col-md-4">4</div>
3     <div class="col-md-4 col-md-offset-4">4 + 4</div>
4   </div>
5   <div class="row">
6     <div class="col-md-3 col-md-offset-3">3 + 3</div>
7     <div class="col-md-3 col-md-offset-3">3 + 3</div>
8   </div>
9   <div class="row">
10    <div class="col-md-6 col-md-offset-3">6 + 3</div>
11  </div>
```

Abbildung: Elemente in Spalten verschieben

Spalten verschachteln

Container dürfen nicht verschachtelt werden. Bei Reihen ist dies jedoch erlaubt. Damit lassen sich untergeordnete Bereiche erstellen. Solche Bereiche müssen den Elternbereich nicht zwingend ausfüllen und es müssen auch nicht alle 12 Spalten benutzt werden.

Listing: Offset nutzen (Grid_Nested.html)

```
1   <div class="row">
2       <div class="col-sm-9">
3       Parent are: 9 columns
4       <div class="row">
5           <div class="col-xs-8 col-sm-6">
6           Child 1: 8 or 6
7           </div>
8           <div class="col-xs-4 col-sm-6">
9           Child 2: 4 or 6
10          </div>
11      </div>
12      </div>
13  </div>
```

Elternbereich: 9 Spalten	
Kind 1: 8 oder 6	Kind 2: 4 oder 6

Abbildung: Verhalten von verschachtelten Spalten

Spalten sortieren

Wenn einzelne Spalten anders als in ihrer natürlichen Reihenfolge platziert werden müssen, können Klassen der Art *.col-md-push-* oder *.col-md-pull-* benutzt werden. Mit "push" werden die Spalten nach rechts gedrückt, mit "pull" nach links gezogen.

Listing: Sortierte Spalten (Grid_Sorted.html)

```
1   <div class="row">
2     <div class="col-md-9 col-md-push-3">9 + 3 right</div>
3     <div class="col-md-3 col-md-pull-9">3 + 9 left</div>
4   </div>
```

3 + 9 links	9 + 3 rechts

Abbildung: Sortierung bei Desktop

Da die Sortierung nur für die Größe "md" definiert wurde, fällt das
mobile Gerät auf die Anordnung zurück, die sich aus dem reinen
HTML ergibt:

9 + 3 rechts
3 + 9 links

Abbildung: Sortierung auf mobilem Gerät

3.3 Das Flex-Raster

Das Angeben eines festen Rasters ist unter Umständen lästig, wenn
Sie immer gleiche Rasterbreiten benötigen. Aus diesem Grund wurde mit Bootstrap 4 ein weiteres Rasterprinzip eingeführt, bei dem
die Spalten gleichmäßig verteilt werden, ohne dass eine Angabe der
Spaltenbreite erfolgt.

Vorbereitung

Das Flex-Raster ergänzt das Standardraster und ändert dessen
Verhalten teilweise. Sie brauchen deshalb eine andere CSS-Datei.
Laden Sie statt der üblichen *bootstrap.css* nun die Datei *bootstrap-
flex.css* (bzw. die entsprechende Min-Variante). Die normalen Spaltenklassen sind aber weiter anwendbar.

Gleichverteilte Spalten

Das gleichmäßige Verteilen führt dazu, dass die Spaltenpositionen
nicht mehr an einem festen Punkt ausgerichtet sind. Wenn Sie drei
Spalten benutzen, nimmt jede genau 33,33% des Bildschirms ein,
egal wieviele konkrete Pixel dies dann sind.

Der Klassenname für einfache Spalten ist *.col-xx*, wobei "xx" der
Platzhalter für die Umschaltpunkte ist, also "xs", "sm", "md" und
"lg".

Listing: Verteilte Spalten (Grid_Flex.html)

```
1   <div class="container">
2     <div class="row">
3       <div class="col-xs">.col-xs <br> 1 of 3 (33%)</div>
4       <div class="col-xs">.col-xs <br> 1 of 3 (33%)</div>
5       <div class="col-xs">.col-xs <br> 1 of 3 (33%)</div>
6     </div>
7     <div class="row">
8       <div class="col-xs">.col-xs <br> 1 of 1 (100%)</div>
9     </div>
10    <div class="row">
11      <div class="col-xs">.col-xs <br> 1 of 2 (50%)</div>
12      <div class="col-xs">.col-xs <br> 1 of 2 (50%)</div>
13    </div>
14    <div class="row">
15      <div class="col-xs-8">.col-xs-8 <br>
16      Fixed 8 of 12 (66%), the other columns in
17      the row will split the remaining 4 (33%)
18      </div>
19      <div class="col-xs">.col-xs</div>
20      <div class="col-xs">.col-xs</div>
21    </div>
22  </div>
```

Wird nun eine traditionelle Rasterspalte benutzt (Zeile 15), nimmt diese ihren bestimmten Platz ein und die flexiblen Spalten teilen sich den Rest.

.col-xs 1 of 3 (33%)	.col-xs 1 of 3 (33%)	.col-xs 1 of 3 (33%)	
.col-xs 1 of 1 (100%)			
.col-xs 1 of 2 (50%)		.col-xs 1 of 2 (50%)	
.col-xs-8 Fixed 8 of 12 (66%), the other columns in the row will split the remaining 4 (33%)		.col-xs	.col-xs

Abbildung: Optionen für Verteilung

Die Höhe der Spalten ist immer gleich, ein Box-spezifisches Verhalten gibt es hier nicht. Die finale Höhe der Reihe wird von der höchsten Spalte bestimmt. Sehen Sie sich dazu aber auch den Abschnitt *Vertikale Verteilungsoptionen* weiter unten an.

Horizontale Verteilungsoptionen

Statt einfach nur Spalten aneinanderzureihen, können Sie auch einzelne Blöcke verteilen. Die Breite der Blöcke wird mit den üblichen *.col-<xx>-n*-Klassen bestimmt. Dies erfolgt nach einfachen Kriterien mittels spezieller Klassen auf der Reihe (‹xx› ist ein Platzhalter für "xs", "sm", "md" oder "lg"):

- *flex-items-<xx>-left*: Links
- *flex-items-<xx>-center*: Zentriert
- *flex-items-<xx>-right*: Rechts
- *flex-items-<xx>-around*: Gleichmäßige Abstände links und rechts
- *flex-items-<xx>-between*: Abstand dazwischen

Listing: Horizontal erteilte Spalten (Grid_FlexDist.html)

```
1  <div class="container">
2    <div class="row flex-items-xs-left">
3      <div class="col-xs-6 ">flex-items-xs-left</div>
4    </div>
5    <div class="row flex-items-xs-center">
6      <div class="col-xs-6">flex-items-xs-center</div>
7    </div>
8    <div class="row flex-items-xs-right">
9      <div class="col-xs-6">flex-items-xs-right</div>
10   </div>
11   <div class="row flex-items-xs-around">
12     <div class="col-xs-4">flex-items-xs-around</div>
13     <div class="col-xs-4">flex-items-xs-around</div>
14   </div>
15   <div class="row flex-items-xs-between">
16     <div class="col-xs-4">flex-items-xs-between</div>
17     <div class="col-xs-4">flex-items-xs-between</div>
18   </div>
19   <div class="row flex-items-xs-right flex-items-sm-left">
20     <div class="col-xs-8">Responsive alignment: <br> flex-items-xs-r\
21 ight <br> flex-items-sm-left</div>
22   </div>
23 </div>
```

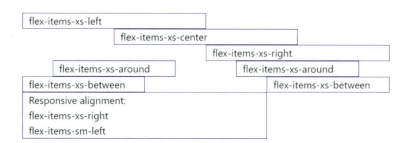

Abbildung: Optionen für Verteilung

Vertikale Verteilungsoptionen

Die Höhe der Reihe wird von der höchsten Box bestimmt. Die anderen können sich aber danach ausrichten. Dies sind die vertikalen Verteilungsoptionen (‹xx› ist ein Platzhalter für "xs", "sm", "md" oder "lg"):

- *flex-items-‹xx›-bottom*: Unten
- *flex-items-‹xx›-middle*: Mitte
- *flex-items-‹xx›-top*: Oben

Listing: Vertikal verteilte Spalten (Grid_FlexDistV.html)

```
1   <div class="container">
2     <div class="row flex-items-xs-middle">
3       <div class="col-xs">Row: flex-items-xs-middle</div>
4     </div>
5     <div class="row flex-items-xs-bottom">
6       <div class="col-xs">Row: flex-items-xs-bottom</div>
7     </div>
8     <div class="row flex-items-xs-top">
9       <div class="col-xs">Row: flex-items-xs-top</div>
10    </div>
11    <div class="row">
12      <div class="col-xs flex-xs-top">Column: flex-xs-top</div>
13      <div class="col-xs flex-xs-middle">Column: flex-xs-middle</div>
14      <div class="col-xs flex-xs-bottom">Column: flex-xs-bottom</div>
15    </div>
16  </div>
```

Die Abbildung zeigt den Effekt. Damit die Höhe abweicht, wurde dazu aber die Höhe der Reihe manipuliert. Folgender Stil wurde für den Screenshot benutzt:

```
1   .row {
2     height: 100px;
3     background-color: lightblue;
4     margin: 5px 0 0 0;
5   }
```

Sind die Werte unverändert (*.row* wird wie zuvor benutzt), dann wirkt sich die Platzierung nicht aus. Das Container-Element spielt also hier mit rein.

Abbildung: Optionen für Verteilung

Sortieroptionen

Die Sortierung ist auch möglich und ist verhältnismäßig flexibel (‹xx› ist ein Platzhalter für "xs", "sm", "md" oder "lg"):

- *flex-<xx>-first*: An den Anfang
- *flex-<xx>-unordered*: Unbestimmt (gleichverteilt wie definiert)
- *flex-<xx>-last*: An das Ende

Listing: Vertikal verteilte Spalten (Grid_FlexSort.html)

```
 1   <div class="container">
 2     <div class="row">
 3       <div class="col-xs flex-xs-last">
 4         1st in markup <br>
 5         Last in layout <br>
 6         flex-xs-last
 7       </div>
 8       <div class="col-xs flex-xs-first">
 9         2nd in markup <br>
10         First in layout <br>
11         flex-xs-first
12       </div>
13       <div class="col-xs flex-xs-unordered">
14         3rd in markup <br>
15         Unordered in layout <br>
16         flex-xs-unordered
17       </div>
18     </div>
19     <div class="row">
20       <div class="col-xs flex-xs-last flex-md-first" id="blue">
21         flex-xs-last <br>
22         flex-md-first <br>
23         Last on XS screens <br>
24         First on MD and up
25       </div>
26       <div class="col-xs flex-xs-first flex-md-last" id="red">
27         flex-xs-first <br>
28         flex-md-last <br>
29         First on XS screens <br>
30         Last on MD and up
31       </div>
32     </div>
33   </div>
```

Der Effekt wird am besten sichtbar, wenn Sie die Breite des Browsers verändern. Dann tauschen die beiden Spalten der zweiten Reihe ihre Position. Probieren Sie *Grid_FlexSort.html* dazu aus.

4. Typografie

Bootstrap bestimmt für einige Elemente in HTML die grundlegende Art der Anzeige, Typografie und Farbe. Im Gegensatz zum klassischen Begriff der Typografie, der Schrift, Schriftform, Gestaltung und Druckmaterial umfasst, ist Bootstrap jedoch recht bescheiden in den Möglichkeiten. Konkret geregelt sind:

- Die Hintergrundfarbe der Seite ist weiß, `background-color: #fff`
- In den SASS-Dateien sind die folgenden Variablen für die grundlegende Gestaltung zuständig:
    - `$font-family-base`
    - `$font-size-base`
    - `$line-height-base`
- Hyperlinks als herausragendes Elemente von Webseiten werden mit folgende Variablen bestimmt:
    - `$link-color`
    - Unterstrichen werden sollen Links nur bei schwebendem Mauszeiger (`:hover`)

Die Variablen sind in der Datei _variables.scss_ zu finden. Für die Fonts sieht dies beispielsweise folgendermaßen aus:

```
1  $font-family-sans-serif:  -apple-system, BlinkMacSystemFont, "Segoe U\
2  I", Roboto, "Helvetica Neue", Arial, sans-serif !default;
3  $font-family-serif:       Georgia, "Times New Roman", Times, serif !d\
4  efault;
5  $font-family-monospace:  Menlo, Monaco, Consolas, "Liberation Mono",\
6   "Courier New", monospace !default;
7  $font-family-base:        $font-family-sans-serif !default;
```

4.1 Überschriften

Alle Überschriften, von <h1> bis <h6>, werden direkt unterstützt. Sie
müssen keine weiteren Klassen benutzen. Wenn Sie aber dieselbe
Schriftgröße wie eine Überschrift benutzen möchten, der Text aber
im Fließtext erscheinen soll, stehen dafür die Klassen *.h1* bis *.h6* zur
Verfügung.

- h1: Halbfett 40px (Basis x 2,5 rem)
- h2: Halbfett 32px (Basis x 2,0 rem)
- h3: Halbfett 28px (Basis x 1,75 rem)
- h4: Halbfett 24px (Basis x 1,5 rem)
- h5: Halbfett 20px (Basis x 1,25 rem)
- h6: Halbfett 16px (Standardgröße, dies ist die Kalkulations-
  basis)

```
1  <h1>h1. Bootstrap Überschrift</h1>
2  <h2>h2. Bootstrap Überschrift</h2>
3  <h3>h3. Bootstrap Überschrift</h3>
4  <h4>h4. Bootstrap Überschrift</h4>
5  <h5>h5. Bootstrap Überschrift</h5>
6  <h6>h6. Bootstrap Überschrift</h6>
```

Um ein leichteres (kleiner, heller) Erscheinungsbild zu erhalten,
wird <small> oder *.small* benutzt.

```
1  <h1>h1. Bootstrap Heading <small>Additional text</small></h1>
2  <h2>h2. Bootstrap Heading <small>Additional text</small></h2>
3  <h3>h3. Bootstrap Heading <small>Additional text</small></h3>
4  <h4>h4. Bootstrap Heading <small>Additional text</small></h4>
5  <h5>h5. Bootstrap Heading <small>Additional text</small></h5>
6  <h6>h6. Bootstrap Heading <small>Additional text</small></h6>
```

h1. Bootstrap Überschrift Zusatztext

h2. Bootstrap Überschrift Zusatztext

h3. Bootstrap Überschrift Zusatztext

h4. Bootstrap Überschrift Zusatztext

h5. Bootstrap Überschrift Zusatztext

h6. Bootstrap Überschrift Zusatztext

Abbildung: Standardansicht der Überschriften

4.2 Text und Textelemente

Für Text und Textelemente wird weitgehend HTML referenziert, ergänzt durch einige Klassen für spezielle Effekte.

Basisschrift

Der Standardfont für den Text ist 16px. Als Zeilenhöhe wird 1.5 benutzt. Abschnitte, die mit <p> erstellt werden, erhalten zusätzlich einen unteren Abstand in der halben Zeilenhöhe, ca. 10px.

Um einen Abschnitt herauszuheben, wird die Klasse *lead* benutzt.

```
1  <p class="lead">Important paragraph...</p>
2  <p>Standard paragraph </p>
```

Wichtiger Absatz...

Standardabsatz

Abbildung: Absatzarten

Textelemente

Textelemente dienen der Auszeichnung von Teilen des Fließtextes. Dies erfolgt weitgehend durch HTML, ohne weitere Klassen. Die Elemente dienen auch der semantischen Stärkung des Inhalts. Die folgenden Textelemente werden explizit unterstützt:

`<mark></mark>`
> Damit wird Text hervorgehoben (wie mit einem Textmarker), um die Relevanz zu betonen.

`<del></del>`
> Damit wird angezeigt, dass ein Textteil gelöscht wurde. Dies wird durch ein Durchstreichen angezeigt.

`<s></s>`
> Damit wird angezeigt, dass ein Textteil nicht mehr relevant ist.

`<ins></ins>`
> Dieses Tag zeigt an, dass der Textteil hinzugefügt wurde. Damit kann einem Benutzer die letzte Änderung an einem Text signalisiert werden.

`<u></u>`
> Dieses Tag zeigt an, dass der Textteil Zusatzinformationen zum Text liefert. Dies wird durch Unterstreichen angezeigt.

`<em></em>`
>   Betont einen Textteil, um dessen Bedeutung hervorzuheben.

Des weiteren passt auch `<small></small>` in diese Kategorie, allerdings hat es einen geringeren semantischen Bezug. Die dadurch erreichte, etwas "leichtere" Darstellung wird durch eine Verringerung der Fontgröße auf 85% erreicht. Um eine Verstärkung zu erreichen, sollten Sie `<strong></strong>` benutzen.

Unterstützt werden weiterhin die nicht-semantischen Elemente `<b></b>` und `<i></i>`. Sie reagieren im Text identisch zu `<strong></strong>` und `<em></em>`. Allerdings wird `<i></i>` manchmal auch für Symbole (Icon) benutzt, die keinen Text enthalten und deshalb das durch kursive Schrift angezeigte Verhalten ignorieren und dem Element damit eine gewisse semantische Bedeutung geben. Das Verhalten und die Interpretation ist allerdings nicht standardkonform. Es handelt sich eher um eine stilistische Maßnahme.

Einige Elemente sind weitaus stärker semantisch geprägt.

`<abbr title="Abkürzung">Abk.</abbr>`
>   Dieses Element kennzeichnet Abkürzungen. Das Attribut `title` ist erforderlich. Das Element wird mit einer gestrichelten Unterlinie gezeichnet und zeigt den Titel an, wenn der Mauszeiger darüber schwebt. Zusätzlich kann mit der Klasse *.initialism* der Font etwas reduziert werden, um weniger störend im Text zu wirken.

```
1   <abbr title="HyperText Markup Language"
2       class="initialism">HTML</abbr>
```

`<kbd></kbd>`
>   Dieses Element dient dazu, auf Tasten einer Computertastatur zu verweisen (`<kbd>F12</kbd>`).

Mit <mark> wird Text hervorgehoben (wie mit einem Textmarker), um die Relevanz zu betonen.

Mit <del> wird angezeigt, dass ~~ein Textteil gelöscht wurde~~. Dies wird ein Durchstreichen angezeigt.

Mit <s> wird angezeigt, dass ~~ein Textteil nicht mehr relevant ist~~.

<ins> zeigt an, dass <u>der Textteil hinzugefügt wurde</u>. Damit kann einem Benutzer die letzte Änderung signalisiert werden.

<u> zeigt an, dass der Textteil <u>Zusatzinformationen zum Text</u> liefert. Dies wird durch Unterstreichen angezeigt.

Mit <em> *betont einen Textteil*, um dessen Bedeutung hervorzuheben.

Des weiteren passt auch <small> in diese Kategorie, allerdings mit geringerem semantischen Bezug. Die dadurch erreichte, etwas "leichtere" Darstellung wird durch eine Verringerung der Fontgröße auf 85% erreicht. Um eine **Verstärkung zu erreichen, wird <strong>** benutzt.

Unterstützt werden auch die nicht-semantischen Elemente **Fett** (<b>) und *Kursiv* (<i>).

Eine Abkürzung sieht so aus: <u>Abk.</u>

Nun drücken Sie noch `ENTER` oder `F12`

Abbildung: Semantische Elemente im Text

Elemente für Textblöcke

Adressen können leichter erkannt werden, wenn das Element <ad-dress></address> benutzt wird. Dieses Element formatiert nicht. Wenn die Formatierung erhalten bleiben soll, sind zusätzliche Zeilenumbrüche mit <br/> erforderlich:

```
1  <address>
2    <strong>Twitter, Inc.</strong><br>
3    795 Folsom Ave, Suite 600<br>
4    San Francisco, CA 94107<br>
5    <abbr title="Phone">P:</abbr> (123) 456-7890
6  </address>
```

Twitter, Inc.
795 Folsom Ave, Suite 600
San Francisco, CA 94107
P: (123) 456-7890

Phone ← Tooltip

Abbildung: Adresse mit Tooltip für die Abkürzung

```
1  <address>
2    <strong>Full Name</strong><br>
3    <a href="mailto:#">first.last@example.com</a>
4  </address>
```

Zitate (<blockquote>) sind ebenso semantisch und heben einen Text hervor, der anderen Text referenziert. Wegen der häufigen Nutzung kann Bootstrap stören und deshalb wird der Effekt mit einer zusätzlichen Klasse *.blockquote* abgesichert.

```
1  <blockquote class="blockquote">
2    <p>Node.js ist eine moderne Programmierumgebung.</p>
3  </blockquote>
```

Der referenziert Text kann dann mit <cite></cite> hervorgehoben werden. Das Element <footer></footer> eignet sich, um die Quelle anzugeben:

```
1  <blockquote class="blockquote">
2    <p>Node.js is a modern programming environment.</p>
3    <footer class="blockquote-footer">
4      Found in
5      <cite title="Introduction to Node.js">Node.js</cite>
6    </footer>
7  </blockquote>
```

Node.js ist eine moderne Programmierumgebung.

— Gefunden in *Node.js*

Abbildung: Zitate

Auf manchen Bildschirmen sind Zitate nicht sofort erkennbar. Werden sie rechts ausgerichtet, so kann dies der Struktur der Seite helfen. Dazu dient die Klasse *.blockquote-reverse*:

```
1  <blockquote class="blockquote-reverse">
2     ...
3  </blockquote>
```

Node.js ist eine moderne Programmierumgebung.

Gefunden in *Node js* —

Abbildung: Rechtsausgerichtetes Zitat

Vielfach wird Code auf Webseiten erklärt. Dieser passt am besten in <code></code>, wenn er in einer Zeile steht und in <pre></pre>, wenn die Formatierung über mehrere Zeilen hinweg erhalten bleiben soll. Wird im Fließtext auf Variablen hingewiesen, eignet sich <var></var>. Dieses Element ist zugleich hilfreich bei mathematischen Formeln:

```
1  <var>f(x)</var> = <var>m</var><var>x</var> + <var>b</var>
```

$$f(x) = mx + b$$

Abbildung: Darstellung von Variablen oder Formeln

Will man Ausgaben beispielhaft erklären, ist <samp></samp> das richtige Element.

Ausrichtung

Die Ausrichtung von Text ist rein gestalterischer Natur.

- *text-left*: Links ausgerichtet
- *text-center*: Text wird zentriert
- *text-right*: Rechts ausgerichtet
- *text-justify*: Blocksatz

- *text-nowrap*: Vehinderung des Umbruchs

Hinzu kommen Ausrichtungsvarianten, die nur für bestimmte Viewports gültig sind:

- *text-xs-left*: Links ausgerichtet, wenn der Viewport "xs" ist
- *text-xs-center*: Text wird zentriert, wenn der Viewport "xs" ist
- *text-xs-right*: Rechts ausgerichtet, wenn der Viewport "xs" ist

Die gilt analog für "sm", "md", "lg" und das neue "xl".

Listing: Ausrichtung von Text (Typo_TextAlign.html)

```
1  <p class="text-left">Links ausgerichtet.</p>
2  <p class="text-center">Text wird zentriert.</p>
3  <p class="text-right">Rechts ausgerichtet.</p>
4  <p class="text-justify">Blocksatz heißt ...</p>
5  <p class="text-nowrap">Vehinderung des Umbruchs, ...</p>
```

Links ausgerichtet.

Text wird zentriert.

Rechts ausgerichtet.

Blocksatz heißt, dass die Wörter so verteilt werden, dass links und rechts alles bündig steht.

Vehinderung des Umbruchs, was vor allem bei langen Texten gut ist.

Abbildung: Ausrichtung von Text

Blocksatz

Blocksatz (justify) ist auf Bildschirmen generell keine gute Idee. Wenn es sein muss, sollte die Breite der Spalte mindestens 10 Wörter aufnehmen können, sonst werden die Abstände zwischen den Wörtern zu groß. Geht auch das nicht und ist der Text beherrschbar, können künstliche Trennungen mit der Entität &shy (soft hyphen) erstellt werden. Die Trennzeichen erscheinen nur dann, wenn der Umbruch erfolgen muss.

Transformationen

Transformationen wandeln Text von Klein- in Großschreibung und umgekehrt um.

- *text-lowercase*: Umwandlung in Kleinbuchstaben.
- *text-uppercase*: Umwandlung in Großbuchstaben.
- *text-capitalize*: Erster Buchstaben eines jeden Wortes wird groß geschrieben.
- *text-weight-bold*: Fett ohne explizites Tag.
- *text-weight-normal*: Normal trotz Tag.
- *text-italics*: Kursiv ohne explizites Tag.

Listing: Transformationen (Typo_TextTransform.html)

```
1  <p class="text-lowercase">Kleinbuchstaben</p>
2  <p class="text-uppercase">Großbuchstaben</p>
3  <p class="text-capitalize">der titel</p>
```

kleinbuchstaben

GROSSBUCHSTABEN

Der Title

Abbildung: Transformation von Text

4.3 Listen

Es gibt zwei Arten von Listen: Mit und ohne bestimmte Reihenfolge. Solche ohne Reihenfolge werden in HTML durch Anführungssymbole dargestellt (bullet points). In Bootstrap können Sie zudem auf diese Symbole verzichten und einfach "Elementstapel" erstellen.

```
1  <ul>
2    <li>...</li>
3  </ul>
```

Listen mit Reihenfolge benennen die Elemente mit fortlaufenden Zahlen, Buchstaben oder römischen Zahlen:

```
1  <ol>
2    <li>...</li>
3  </ol>
```

Wird der standardmäßig benutzte Stil – mit Symbolen – nicht benötigt, lässt sich dieser durch *.list-unstyled* entfernen. Dies wirkt nur auf die unmittelbaren Elemente, nicht auf tiefere Verschachtelungsebenen. Beachten Sie hier zudem, dass der Wegfall der Symbole dazu führt, dass die Elemente nicht mehr eingerückt sind. Dies muss gegebenenfalls durch einen Abstand ausgeglichen werden.

```
1   <ul class="list-unstyled">
2      <li>...</li>
3   </ul>
```

Von Menüs ist bekannt, dass diese oft als Listen definiert werden und dann ihre Natur allein durch CSS verlieren. Der Vorteil gegenüber Tabellen oder Definitionslisten ist die besonders kompakte Schreibweise – viel weniger als zwei Buchstaben pro Element geht kaum. Die Klasse *list-inline* ist dann erforderlich, um die Elemente horizontal anzuordnen:

```
1   <ul class="list-inline">
2      <li>...</li>
3   </ul>
```

- Simple List
- With bullets

1. Simple List
2. With numbers

Simple List
Without bullets

Simple List
in line
arranged

Abbildung: Listen

Wenn Listen komplexer werden eignen sich Definitionen. Hier werden jeweils zwei Bausteine pro Eintrag benutzt – der Begriff (*definition term*, ‹dt›‹/dt›) und die Beschreibung (*definition description*, ‹dd›‹/dd›).

Listing: Listendefinitionen (Typo_Definition.html)

```
1  <dl>
2      <dt>HTML</dt>
3      <dd>Hypertext Markup Language</dd>
4      <dt>CSS</dt>
5      <dd>Cascading Style Sheets</dd>
6  </dl>
```

Wie bei den einfachen Listen lassen sich auch hier die Elemente horizontal anordnen, wobei jeweils das linke ‹dt›-Element rechts ausgerichtet ist und das rechte ‹dd›-Element dann linksbündig. Nutzen Sie die Klase *.row* hier und dann die *.col-xx-n*-Klassen, um die Breiten festzulegen.

```
1  <dl class="row">
2      <dt class="col-md-3">Name</dt>
3      <dd class="col-md-4">Anton Muller</dd>
4      <dt class="col-md-3">Address</dt>
5      <dd class="col-md-4">NYC</dd>
6  </dl>
```

Die ‹dl›-Abschnitte stehen immer untereinander. Begriffe, die nicht auf den Anzeigebereich passen, werden abgeschnitten.

HTML
Hypertext Markup Language

CSS
Cascading Style Sheets

Name   Anton Muller

Address   NYC

Abbildung: Anordnung mit zwei Einträgen (vertikal oben, horizontal unten)

4.4 Tabellen

In der Erläuterung zum Raster wurde bereits kritisch angemerkt, dass sich Tabellen nicht eignen, um responsive Seiten zu bauen. Dennoch ist es sinnvoll, Tabellen zum Sortieren und Auflisten von Daten zu benutzen. Die Breite der Tabelle muss nur den Kriterien des Rasters genügen. Eine Platzierung außerhalb des Rasters ist natürlich auch möglich. In diesem Fall bietet Bootstrap einige Stile zur verbesserten Darstellung. Für responsive Umgebungen werden Tabellen mit horizontalem Scrollen angeboten. Freilich ist dies nur eine Notlösung – wirklich responsiv sind Tabellen nicht.

Stile für Tabellen

Tabellen selbst haben ein natives Element in HTML. Dennoch setzt Bootstrap auf die Klasse *.table*. Dies liegt daran, dass Tabellen auch von vielen anderen Bibliotheken und Plug-Ins benutzt werden, beispielsweise für Kalender. Damit diese nicht durch Bootstrap

versehentlich verändert werden, wird diese zusätzliche Klasse eingesetzt:

```
1  <table class="table">
2    ...
3  </table>
```

Tabellen bestehen aus drei Teilen: Kopf (`<thead></thead>`), Inhalt (`<tbody></tbody>`), und Fuß (`<tfoot></tfoot>`). Der Inhalt
kann sehr lang werden. Die Lesbarkeit wird deutlich durch eine
abwechselnde Hintergrundfarbe erhöht – der Zebrastreifeneffekt.
Erreichen können Sie dies mit der Klasse *.table-striped*:

```
1  <table class="table table-striped">
2    ...
3  </table>
```

Mit *.table-bordered* steht ein weiterer Stil bereit, der Rahmen um
alle Zellen zeichnet:

```
1  <table class="table table-bordered">
2    ...
3  </table>
```

Mehr interaktiv ist *.table-hover*, womit sich Mauseffekt beim schwe-
ben über Reihen möglich wird:

```
1  <table class="table table-hover">
2    ...
3  </table>
```

Wird der Platz knapp, können die standardmäßig benutzten Abstände mit *.table-condensed* verringert werden. Konkret erfolgt eine
Reduzierung um 50%.

Listing: Komplette Tabelle (Typo_Table.html)

```
1   <table class="table table-bordered table-condensed table-striped">
2       <thead>
3       <tr>
4           <th>Name</th>
5           <th>Action</th>
6       </tr>
7       </thead>
8       <tbody>
9       <tr>
10          <td>Anton Muller</td>
11          <td>Edit | Delete</td>
12      </tr>
13      <tr>
14          <td>Bob Thornten</td>
15          <td>Edit | Delete</td>
16      </tr>
17      <tr>
18          <td>Britney Belle</td>
19          <td>Edit | Delete</td>
20      </tr>
21      </tbody>
22      <tfoot>
23      <tr>
24          <td colspan="2" class="text-md-right">2</td>
25      </tr>
26      </tfoot>
27  </table>
```

Name	Aktion
Anton Müller	Bearbeiten | Löschen
Bernd Mustermann	Bearbeiten | Löschen
Berta Beispiel	Bearbeiten | Löschen
	2

Abbildung: Verdichtet, wechselnd und mit Kopf- und Fußbereich

Spalten

Tabellen kennen auch spaltenweise Definitionen mit `<colgroup><col><col></colgroup>`-Elementen. Diese werden nicht explizit von Bootstrap unterstützt.

Um vergleichbare Effekte zu erzielen, könnte folgender CSS-Code dienen (die Farben sind Beispiele, siehe dazu auch Datei *Typo_Table_Cols.html*):

```
colgroup col.success {
    background-color: #dff0d8;
}
colgroup col.error {
    background-color: #f2dede;
}
colgroup col.warning {
    background-color: #fcf8e3;
}
colgroup col.info {
    background-color: #d9edf7;
}
```

Das Beispiel referenziert auf die Kontextklassen, die folgendermaßen wirken:

- *.active*: Mauseffekt für Reihen oder Zellen
- *.success*: Positiv oder Erfolg (grün)
- *.info*: Information oder Aktion (hellblau)
- *.warning*: Warnung oder Achtungssignal (orange)
- *.danger*: Negativ oder Gefahr (rot)

```
1  <!-- Reihen -->
2  <tr class="active">...</tr>
3  <tr class="success">...</tr>
4  <tr class="warning">...</tr>
5  <tr class="danger">...</tr>
6  <tr class="info">...</tr>
7
8  <!-- Zellen (td oder th) -->
9  <tr>
10   <td class="active">...</td>
11   <td class="success">...</td>
12   <td class="warning">...</td>
13   <td class="danger">...</td>
14   <td class="info">...</td>
15  </tr>
```

Im Kopf der Tabelle wird dann noch auf die Spalten-Elemente referenziert:

Listing: Komplette Tabelle (Typo_Table_Cols.html)

```
1  <table class="table table-bordered table-condensed">
2    <colgroup>
3      <col class="success" />
4      <col class="warning" />
5    </colgroup>
6    ...
```

Name	Aktion
Anton Müller	Bearbeiten | Löschen
Bernd Mustermann	Bearbeiten | Löschen
Berta Beispiel	Bearbeiten | Löschen
	2

Abbildung: Tabelle mit Spaltendefinitionen

Beachten Sie hierbei noch, dass die Spaltenstile mit *.table-striped* kollidieren. Vermeiden Sie *.table-striped*, wenn Sie spaltenweise Farbvariationen vornehmen.

Lesbarkeit für Screenreader

Wird eine Seite barrierefrei aufgebaut, so haben die Kontextklassen keine Bedeutung. Die möglicherweise wichtige Information, die sich aus der Farbwahl ergibt, geht verloren. Wenn Sie deshalb zusätzliche Elemente einbauen, können Sie diese mit *.sr-only* unsichtbar machen. Screenreader werden diese Elemente dennoch vorlesen.

Neu in Bootstrap 4

Neu sind die Klassen *.table-inverse* bzw. *.thead-inverse* zum Invertieren der Schriftfarbe.

Listing: Invertierte Tabelle (Table_Inverse.html)

```
1    <table class="table table-inverse" >
2            <thead>
3              <tr>
4                <th>Code</th>
5                <th>Company</th>
6                <th>Price</th>
7                <th>Change</th>
8                <th>In %</th>
9                <th>Opening</th>
10               <th>Max</th>
11               <th>Min</th>
12               <th>Volume</th>
13             </tr>
14           </thead>
15           <tbody>
16             <tr>
17               <td>MSC</td>
18               <td>Microsoft</td>
19       . . .
```

Code	Firma	Preis	Änderung	In %	Eröffnung	Höchster	Niedrigster	Volumen
MSC	Microsoft	$1.38	-0.01	-0.36%	$1.39	$1.39	$1.38	9,395
APP	Apple	$1.99	-0.03	-0.45%	$1.88	$2.15	$1.38	7,741

Abbildung: Invertierte Tabelle

Besonders interessant ist *.table-reflow*. Damit wird wie bei einer Pivot-Tabelle der Block der Überschriften auf die erste Spalte transformiert.

Listing: Gedrehte Tabelle (Table_Reflow.html)

```
1   <table class="table table-reflow" >
2         <thead>
3           <tr>
4             <th>Code</th>
5             <th>Company</th>
6             <th>Price</th>
7             <th>Change</th>
8             <th>In %</th>
9             <th>Opening</th>
10            <th>Max</th>
11            <th>Min</th>
12            <th>Volume</th>
13          </tr>
14        </thead>
15        <tbody>
16          <tr>
17            <td>MSC</td>
18            <td>Microsoft</td>
19        ...
```

Für diesen Effekt ist keine Änderung der Tabellenstruktur erforderlich.

Code	MSC	APP
Firma	Microsoft	Apple
Preis	$1.38	$1.99
Änderung	-0.01	-0.03
In %	-0.36%	-0.45%
Eröffnung	$1.39	$1.88
Höchster	$1.39	$2.15
Niedrigster	$1.38	$1.38
Volumen	9,395	7,741

Abbildung: Gedrehte Tabelle

Responsive Tabellen

Responsive Tabellen im eigentlichen Sinne gibt es nicht. Wird
.table-responsive benutzt, dann wird bei Breiten unter 786 Pixel ein
horizontaler Scrollbalken unter der Tabelle erstellt. Damit wird verhindert, dass die gesamte Seite horizontal scrollen muss. Außerdem
werden mit *overflow-y: hidden* alle Elemente unterdrückt, die oben
oder unten aus der Tabelle herausragen. **Achtung**: Dies können von
einigen Grids benutzte Menüs oder Kontextmenüs sein.

```
1   <table class="table table-responsive">
2     ...
3   </table>
```

Name	Aktion
Anton Müller	Bearbeiten | L(
Bernd Mustermann	Bearbeiten | L(
Berta Beispiel	Bearbeiten | L(

Abbildung: Tabelle mit Scrollbalken

 Beachten Sie, dass *.table-responsive* nicht mehr, wie bei Bootstrap 3, auf einem ‹div›-Element angewendet werden muss.

Echte responsive Tabellen

Bootstraps Antwort auf responsive Tabellen ist nicht immer befriedrigend. Letztlich leistet es das HTML-Element ‹table› einfach nicht. Komplexe Tabellen mit vielen Spalten lassen sich nicht beliebig verdichten:

Code	Firma	Preis	Änderung	In %	Eröffnung	Höchster	Niedrigster	Volumen
MSC	Microsoft	$1.38	-0.01	-0.36%	$1.39	$1.39	$1.38	9,395
APP	Apple	$1.99	-0.03	-0.45%	$1.88	$2.15	$1.38	7,741

Abbildung: Tabelle mit voller Breite

Dieselbe Tabelle könnte sich aber auch in eine Liste verwandeln, die vollständig responsiv ist.

Code	MSC
Firma	Microsoft
Preis	$1.38
Änderung	-0.01
In %	-0.36%
Eröffnung	$1.39
Höchster	$1.39
Niedrigster	$1.38
Volumen	9,395
Code	APP
Firma	Apple
Preis	$1.99
Änderung	-0.03
In %	-0.45%
Eröffnung	$1.88
Höchster	$2.15
Niedrigster	$1.38
Volumen	7,741

Abbildung: Tabelle bei geringer Breite

Nun erzeugen aber viele Grids ihre Darstellung mit Tabellen. Darauf zu verzichten ist oft nicht möglich und mit erheblichem Aufwand verbunden. Glücklicherweise kann die Darstellung von Tabellen mit CSS 3 weitgehend angepasst werden. Was damit nicht geht, erledigt HTML 5. Auf JavaScript kann dabei verzichtet werden. Hier der Code der Tabelle aus den letzten beiden Abbildungen:

Listing: Echt reponsive Tabelle mit CSS 3 (html)

```
1   <table class="table" id="notable">
2     <thead>
3       <tr>
4         <th>Code</th>
5         <th>Company</th>
6         <th>Price</th>
7         <th>Change</th>
8         <th>In %</th>
9         <th>Opening</th>
10        <th>Max</th>
11        <th>Min</th>
12        <th>Volume</th>
13      </tr>
14    </thead>
15    <tbody>
16      <tr>
17        <td data-title="Code">MSF</td>
18        <td data-title="Firma">Microsoft</td>
19        <td data-title="Preis">$51.38</td>
20        <td data-title="Änderung">-0.01</td>
21        <td data-title="In %">-0.36%</td>
22        <td data-title="Eröffnung">$51.39</td>
23        <td data-title="Höchster">$51.39</td>
24        <td data-title="Niedrigster">$51.38</td>
25        <td data-title="Volumen">9,395</td>
26      </tr>
27      <tr>
28        <td data-title="Code">APC</td>
29        <td data-title="Firma">Apple</td>
30        <td data-title="Preis">$95.46</td>
31        <td data-title="Änderung">-0.03</td>
32        <td data-title="In %">-0.45%</td>
33        <td data-title="Eröffnung">$91.88</td>
34        <td data-title="Höchster">$99.15</td>
35        <td data-title="Niedrigster">$91.38</td>
36        <td data-title="Volumen">7,741</td>
37      </tr>
38    </tbody>
39  </table>
```

Das passende CSS dazu sieht folgendermaßen aus. Es wird durch
das @media-Element nur wirksam, wenn die Bildschirmbreite unter
768px fällt.

Listing: Echt reponsive Tabelle mit CSS 3 (css aus Table_Responsive.html)

```
1   @media only screen and (max-width: 768px) {
2
3       /* Verhindert das Standardverhalten einer Tabelle */
4       #notable table,
5       #notable thead,
6       #notable tbody,
7       #notable th,
8       #notable td,
9       #notable tr {
10        display: block;
11      }
12
13      /* Kopfbereich verstecken */
14      #notable thead tr {
15        position: absolute;
16        top: -9999px;
17        left: -9999px;
18      }
19
20      #notable tr {
21        border: 1px solid #ccc;
22      }
23
24      #notable td {
25        /* Verhalten einer Reihe */
26        border: none;
27        border-bottom: 1px solid #eee;
28        position: relative;
29        padding-left: 50%;
30        white-space: normal;
31        text-align: left;
32      }
33
34      #notable td:before {
35        /* Neuer Kopfbereich */
36        position: absolute;
37        /* Simulation der Abstände */
```

```
38        top: 6px;
39        left: 6px;
40        width: 145%;
41        padding-right: 10px;
42        white-space: nowrap;
43        text-align: left;
44        font-weight: bold;
45        /* Überschriften aus data-title="" holen */
46        content: attr(data-title);
47      }
48
49    }
```

Der einzige Mehraufwand besteht darin, wiederholt die Label mit data-title="" zu bestimmen. Hier kann etwas JavaScript (mit jQuery) helfen, indem die Kopffelder automatisiert kopiert werden:

Listing: Echt reponsive Tabelle mit CSS 3 (js aus Table_Responsive.html)

```
1   $(function () {
2     var t = [];
3     $('thead th').each(function () {
4       t.push($(this).text());
5     });
6     $('tbody tr').each(function() {
7       $(this).find('td').each(function(i, e) {
8         $(e).attr('data-title', t[i]);
9       });
10    });
11  });
```

Das Skript sucht nach den Kopffeldern und erstellt daraus ein Array (Zeile 4). Dann wird nach den Reihen gesucht (Zeile 6) und in jeder Reihe das data-Attribut jedes Elements aus dem Array befüllt (Zeile 8). Die wiederholte Angabe von data-title="Code" usw. ist nicht mehr notwendig und kann vollständig entfernt werden.

Kein Bootstrap

Der in diesem Abschnitt gezeigte Weg ergänzt die
Vorgehensweise in Bootstrap, ist jedoch weitgehend
davon unabhängig. Die Grundgestaltung und die Abstände wurden jedoch aus Bootstrap übernommen.

4.5 Hilfsklassen

Bootstrap 4 enthält eine Reihe von Hilfsklassen für allgemeine
Zwecke.

Abstände kontrollieren

Mit den Containern und dem Standardverhalten der Elemente
werden die Abstände meist korrekt eingestellt. Es kann jedoch
immer wieder passieren, dass das Ergebnis entweder nicht der Desi-
gnvorgabe oder Ihrem ästhetischen Empfinden entspricht. Auch bei
der Nutzung fremder Komponenten – Bootstrap deckt ja keinesfalls
alle erdenklichen Elemente ab – sind gelegentlich unglückliche
Abstände zu beobachten. Für diesen Fall gibt es Korrekturklassen.
Vermieden werden soll damit, dass im Code statische Stilregeln der
Art `margin-top: 25px` auftauchen.

Die Besonderheit der Abstandsklassen besteht in der Relation zur
Basisfontgröße *1rem*. Die Angaben sind also relativ.

Der Aufbau der Klassen ist sehr systematisch:

`{Eigenschaft}-{Seite}-{Größe}`

Die Eigenschaft kann folgende Werte annehmen:

- *m*: Margin, der Abstand zum nächsten Element
- *p*: Padding, der innere Abstand des Inhalts zum Elementrah-
men

Die Seite wird folgendermaßen angegeben:

- *t*: Setzt die Eigenschaft `margin-top` oder `padding-top`
- *b*: Setzt die Eigenschaft `margin-bottom` oder `padding-bottom`
- *l*: Setzt die Eigenschaft `margin-left` oder `padding-left`
- *r*: Setzt die Eigenschaft `margin-right` oder `padding-right`
- *x*: Setzt die Eigenschaft für *-left (linke Seite) und *-right (rechte Seite)
- *y*: Setzt die Eigenschaft für *-top (oben) und *-bottom (unten)
- *a*: Setzt die Eigenschaft aller Margin- oder Padding-Regeln für alle vier Seiten

Die Größe wird nun folgendermaßen bestimmt:

- *0*: Setzt alle Werte auf 0 – keine Abstände
- *1*: Setzt alle Werte auf den Standardabstand
- *2*: Setzt alle Werte auf das 1,5-fache des Standardabstands
- *3*: Setzt alle Werte auf das 3,0-fache des Standardabstands

Hier einige der intern dafür benutzten Definitionen (in SASS):

```
 1    .m-t-0 {
 2      margin-top: 0 !important;
 3    }
 4
 5    .m-l-1 {
 6      margin-left: $spacer-x !important;
 7    }
 8
 9    .p-x-2 {
10      padding-left: ($spacer-x * 1.5) !important;
11      padding-right: ($spacer-x * 1.5) !important;
12    }
13
14    .p-a-3 {
15      padding: ($spacer-y * 3) ($spacer-x * 3) !important;
16    }
```

Die Variablen *$spacer-x* und *$spacer-y* sind der Standardabstand.

Eine Besonderheit ist die Klasse *.m-x-auto*, die den horizontalen Abstand auf auto setzt.

5. Formulare

Formulare werden umfassend unterstützt. Viele Komponenten dienen vor allem dazu, ansprechende Formulare zu gestalten, die mit jeder Bildschirmbreite gut nutzbar sind.

5.1 Struktur eines Formulars

Formularelemente erhalten automatisch die richtige Formatierung. Als Container für Steuerelemente wird die Klasse *.form-control* benutzt. Elemente, die eine steuerbare horizontale Ausdehnung haben, also `<input>`, `<textarea>` und `<select>` werden auf eine Breite von 100% des übergordneten Containers gesetzt. Mit *.form-group* werden Gruppen aus Label und Eingabefeld gebildet, die sich je nach verfügbarer Breite automatisch nebeneinander oder übereinander anordnen.

Einfache Formularelemente

Hier ein Beispiel für ein typisches Formular:

Listing: Standardaufbau eines Formulars (Form_Base.html)

```
1  <form>
2      <div class="form-group">
3      <label for="txtMail">eMail</label>
4      <input type="email" class="form-control"
5             id="txtMail" placeholder="Email">
6      </div>
7      <div class="form-group">
8      <label for="txtPassword">Password</label>
9      <input type="password" class="form-control"
10            id="txtPassword" placeholder="Password">
```

```
11      </div>
12      <div class="form-group">
13      <label for="txtFile">File selection</label>
14      <input type="file" id="txtFile">
15      <p class="form-text small">This is the help for upload.</p>
16      </div>
17      <div class="checkbox">
18      <label>
19          <input type="checkbox"> Save
20      </label>
21      </div>
22      <button type="submit" class="btn btn-secondary">Send</button>
23  </form>
```

Der äußere Teil ist immer die Elementgruppe *.form-group*. Das Element wird nochmals mit *.form-control* ausgezeichnet. Alle anderen Teile benötigen keine Klassen.

eMail

Email

Password

Password

File selection   Choose File   No file chosen

This is the help for upload.

☐ Save

Send

Abbildung: Ein einfaches Formular

Eingabegruppen

Neben einfachen Elementen können auch komplexere Elemente aus einfacheren zusammengesetzt werden. Dies wird dann als Eingabegruppe bezeichnet. Elementgruppe und Eingabegruppe dürfen nicht gemischt benutzt werden, stattdessen werden Eingabegruppe als Kindelement verschachtelt.

Einzeilige Formulare

Einzeilige Formulare stehen ab einer Breite von 768 Pixeln zur Verfügung. Mit "einzeilig" ist gemeint, dass der Feldname (Label), Eingabefeld und weitere Elemente nebeneinander stehen können, solange der horizontale Platz ausreicht. Sie werden mit *.form-inline* eingeleitet. Das umschließende ‹form›-Tag ist optional. Es kann von der Logik der Seite oder dem Browserverhalten her benötigt werden – Bootstrap reagiert darauf jedoch nicht. Die Breite der Elemente mit variabler Ausdehnung ist "auto". Die Breite wird also innerhalb des umschließenden Containers optimiert. Es kann notwendig sein, die Breite individuell zu steuern.

Listing: Kompaktes Formular (Form_Inline.html)

```
1   <form class="form-inline">
2       <div class="form-group">
3           <label for="exampleInputName2">Name</label>
4           <input type="text" class="form-control"
5                   id="exampleInputName2" placeholder="The Name">
6       </div>
7       <div class="form-group">
8           <label for="exampleInputEmail2">eMail</label>
9           <input type="email" class="form-control"
10                  id="exampleInputEmail2"
11                  placeholder="name@email.com">
12      </div>
13      <div>
14          <button type="submit"
```

```
15                      class="btn btn-secondary float-md-right">
16              Send
17          </button>
18      </div>
19  </form>
```

Abbildung: Ein Formular mit horizontaler Ausrichtung (breit)

Dasselbe Formular sieht bei geringer Bildschirmbreite folgendermaßen aus:

Abbildung: Ein Formular mit horizontaler Ausrichtung (schmal)

Label benutzen

Sie sollten auch bei einzeilige Formularen immer
Label einsetzen. Screenreader können sonst keine
sinnvolle Sprachausgabe erzeugen. Nutzen Sie *sr-
only*, damit die Label auf normalen Ausgabegeräten
nicht angezeigt werden. Wenn eine barrierefreie Ausgabe erforderlich ist, sollten darüberhinaus immer
die vom Standard geforderten Attribute `aria-label`
oder `aria-labelledby` benutzt werden. Während
`aria-label` den Bezeichungstext direkt enthält, verweist `aria-labelledby="id"` auf die ID eines anderen Elements auf der Seite, das den Bezeichnungstext
liefert.

Das folgende Beispiel zeigt diue Nutzung von unsichtbaren Be-
zeichnungstexten. Für normale Benutzer wird das Wasserzeichen
(`placeholder`) benutzt, Screenreader sehen dagegen das Label.

Formular mit Wasserzeichen und für Screenreader

```
1   <form class="form-inline">
2       <div class="form-group">
3       <label class="sr-only"
4               for="exampleInputEmail3">eMail</label>
5       <input type="email" class="form-control"
6               id="exampleInputEmail3" placeholder="Email">
7       </div>
8       <div class="form-group">
9       <label class="sr-only"
10              for="exampleInputPassword3">Password</label>
11      <input type="password" class="form-control"
12              id="exampleInputPassword3" placeholder="Password">
13      </div>
14      <div class="checkbox">
15      <label>
16          <input type="checkbox"> Remember
17      </label>
18      </div>
19      <button type="submit" class="btn btn-secondary">Logon</button>
20  </form>
```

Abbildung: Ein Formular ohne Label

Formularelemente mit Bausteinen

Eingabefelder, speziell solche für die Eingabe von Text, können
mit Text, Symbolen oder Schaltflächen links oder rechts ergänzt
werden. Das ist besonders interessant, wenn Werte erfasst werden,
die Maßeinheiten haben. Benutzen Sie die Klasse *.input-group*
mit *.input-group-addon* um Anzeigeelemente vor oder nach *.form-control* zu erstellen. Das funktioniert sehr gut mit allen `<input>`-
Elementen, jedoch nur eingeschränkt mit `<select>` und kaum mit
`<textarea>`.

Tooltips und überlagernde Effekte erfordern darüberhinaus weiteren Aufwand. Zumindest ist die Option *container: 'body'* im Java-Script erforderlich, um Seiteneffekte zu vermeiden. Der Parameter
bestimmt, wo das dynamische Element im DOM (document object
model) der Seite eingefügt wird.

```
1  $("#toolbarBtn1").dropdown({
2      container: 'body';
3  });
```

Die Spaltenklassen des Rasters lassen sich nicht mit Eingabegruppen
mischen. Stattdessen sollte bei Bedarf die gesamte Eingabegruppe in
einen Container platziert werden, der seinerseits mit Rastermaßen
versehen wird.

Label sind immer sinnvoll. Auch wenn kein Bedarf beim konkreten Layout besteht, werden damit Screenreader unterstützt. Hier ist wieder der Einsatz von *sr-only* angebracht.

Listing: Eingabefelder (Toolbar_Inputgroups.html)

```
1   <div class="input-group">
2       <span class="input-group-addon" id="basic-addon1">@</span>
3       <input type="text" class="form-control"
4               placeholder="User"
5               aria-describedby="basic-addon1">
6   </div>
7
8   <div class="input-group">
9       <input type="text" class="form-control"
10              placeholder="Email"
11              aria-describedby="basic-addon2">
12      <span class="input-group-addon" id="basic-addon2">
13      @example.de
14      </span>
15  </div>
16
17  <div class="input-group">
18      <span class="input-group-addon">&euro;</span>
19      <input type="text" class="form-control"
20              aria-label="Betrag (in EUR)">
21      <span class="input-group-addon">.00</span>
22  </div>
```

Abbildung: Eingabefelder

Größen

Die Größen lassen sich relativ in den üblichen vier Stufen festlegen. Dies passiert auf der Gruppe, sodass einzelne Eingabefelder nicht immer wieder mit der Klasse ausgestattet werden müssen.

Listing: Größen der Eingabefelder (Toolbar_InputSize.html)

```
1  <div class="input-group input-group-lg">
2    <span class="input-group-addon" id="sizing-addon1">@</span>
3    <input type="text" class="form-control"
4          placeholder="Username"
5          aria-describedby="sizing-addon1">
6  </div>
7
8  <div class="input-group">
9    <span class="input-group-addon" id="sizing-addon2">@</span>
10   <input type="text" class="form-control"
11         placeholder="Username"
12         aria-describedby="sizing-addon2">
13 </div>
14
15 <div class="input-group input-group-sm">
16   <span class="input-group-addon" id="sizing-addon3">@</span>
17   <input type="text" class="form-control"
18         placeholder="Username"
19         aria-describedby="sizing-addon3">
20 </div>
```

Abbildung: Größen der Eingabefelder

Umgang mit Kontrollkästchen und Optionsfeldern

Kontrollkästchen und Optionsfeldern müssen manchmal direkt neben Eingabefeldern platziert werden. Erneut werden Gruppen benutzt, um die Zuordnung zu erzwingen.

Listing: Eingabefelder mit Optionen (Toolbar_Inputradio.html)

```
1   <div class="row">
2     <div class="col-lg-6">
3       <div class="input-group">
4         <span class="input-group-addon">
5           <input type="checkbox" aria-label="">
6         </span>
7         <input type="text" class="form-control" aria-label="">
8       </div>
9     </div>
10    <div class="col-lg-6">
11      <div class="input-group">
12        <span class="input-group-addon">
13          <input type="radio" aria-label="">
14        </span>
15        <input type="text" class="form-control" aria-label="">
16      </div>
17    </div>
18  </div>
```

Für eine sinnvoll Funktion ist hier unbedingt JavaScript erforderlich – beispielsweise, um das zugeordnete Eingabefeld zu aktivieren.

Abbildung: Eingabefelder mit Optionen

Ergänzende Schaltflächen

Schaltflächen in Eingabefeldgruppen sind ein wenig anders zu
behandeln. Sie erfordern eine weitere Verschachtelungsebene der
HTML-Elemente, basierend auf der Klasse *.input-group-btn*.

Listing: Eingabefelder mit Schaltflächen (Toolbar_InputBtn.html)

```
 1  <div class="row">
 2    <div class="col-lg-6">
 3      <div class="input-group">
 4        <span class="input-group-btn">
 5          <button class="btn btn-default" type="button">
 6            Los!
 7          </button>
 8        </span>
 9        <input type="text" class="form-control"
10               placeholder="Suche nach...">
11      </div>
12    </div>
13    <div class="col-lg-6">
14      <div class="input-group">
15        <input type="text" class="form-control"
16               placeholder="Suche nach...">
17        <span class="input-group-btn">
18          <button class="btn btn-default" type="button">
19            Los!
20          </button>
21        </span>
22      </div>
23    </div>
24  </div>
```

Go!	Search for...	
Search for...		Go!

Abbildung: Eingabefelder mit Schaltflächen

Die Schaltflächen lassen sich wiederum mit Klappmenüs versehen:

Listing: Eingabefelder mit Menüs (Toolbar_DropDownGroup.html)

```html
1   <div class="row">
2       <div class="col-lg-6">
3       <div class="input-group">
4           <div class="input-group-btn">
5           <button type="button"
6                   class="btn btn-secondary dropdown-toggle"
7                   data-toggle="dropdown" aria-haspopup="true"
8                   aria-expanded="false">
9               Selection
10          </button>
11          <div class="dropdown-menu">
12              <a class="dropdown-item" href="#">Detail</a>
13              <a class="dropdown-item" href="#">Copy</a>
14              <a class="dropdown-item" href="#">Move</a>
15              <div role="separator" class="dropdown-divider"></div>
16              <a class="dropdown-item" href="#">Delete</a>
17          </div>
18          </div>
19          <input type="text" class="form-control" aria-label="...">
20      </div>
21      </div>
22      <div class="col-lg-6">
23      <div class="input-group">
24          <input type="text" class="form-control" aria-label="...">
25          <div class="input-group-btn">
26          <button type="button"
27                  class="btn btn-secondary dropdown-toggle"
28                  data-toggle="dropdown"
29                  aria-haspopup="true"
30                  aria-expanded="false">
31              Selection
32          </button>
33          <div class="dropdown-menu dropdown-menu-right">
34              <a class="dropdown-item" href="#">Detail</a>
35              <a class="dropdown-item" href="#">Copy</a>
36              <a class="dropdown-item" href="#">Move</a>
37              <div role="separator" class="dropdown-divider"></div>
38              <li><a href="#">Delete</a></li>
39          </div>
40          </div>
41      </div>
```

```
42        </div>
43    </div>
```

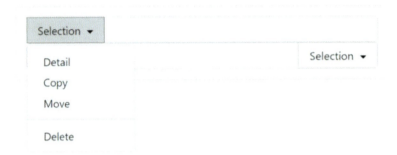

Abbildung: Eingabefelder mit Menüs

Ebenso ist die Unterteilung einer Schaltfläche in Segmente möglich:

Listing: Eingabefelder mit Segmentschaltflächen (Toolbar_InputBtn-Form.html)

```
1   <div class="input-group">
2       <div class="input-group-btn">
3       <button class="btn btn-success">Enable</button>
4       </div>
5       <input type="text" class="form-control" aria-label="...">
6   </div>
7
8   <div class="input-group">
9       <input type="text" class="form-control" aria-label="...">
10      <div class="input-group-btn">
11      <button class="btn btn-warning">Disable</button>
12      </div>
13  </div>
```

Abbildung: Eingabefelder mit Segmentschaltflächen

Das folgende Formularelement besteht aus drei Bausteinen, einem Euro-Symbol, dem Eingabefeld und der Angabe ".00" als vordefinierter Nachkommawert:

Formular mit Bausteinen (Form_MultiInput.html)

```
1   <form class="form-inline">
2       <div class="form-group">
3       <label class="sr-only" for="exampleInputAmount">
4           Amount (in USD)
5       </label>
6       <div class="input-group">
7           <div class="input-group-addon">$</div>
8           <input type="text" class="form-control"
9                   id="exampleInputAmount" placeholder="Amount">
10          <div class="input-group-addon">.00</div>
11      </div>
12      </div>
13      <button type="submit" class="btn btn-primary">Wire</button>
14  </form>
```

Hier wird die Klasse *.input-group* benutzt. Das Label (Zeile 3-5) wird nur Screenreadern angezeigt und bleibt ansonsten unsichtbar. Die "Extras" vor und hinter dem Element werden mit *.input-group-addon* dekoriert.

Abbildung: Ein Formular ohne Label

Horizontale Formulare

Um Label und Felder zu platzieren, wird das Raster benutzt. Damit die Umbrüche unterdrückt werden, die normalerweise einen kompletten Block von Label und Feld von der nächsten Gruppe trennen, wird *row* benutzt. Die Angabe der Klasse erfolgt einem Container-Element, das entweder das umschließende `<form>`-Element oder ein äquivalent eingesetztes `<div>` ist. Die ohnehin erforderliche Gruppierung mit *form-groups* führt dazu, dass sich die Gruppe wie eine Reihe verhält. Sie können *row* aber einsetzen, weil sich einige Editoren sonst darüber beschweren – sichtbare Effekte werden dennoch nicht erzielt.

Listing: Horizontales Formular (Form_Horizontal.html)

```
 1  <form class="row">
 2      <div class="form-group">
 3      <label for="inputEmail3" class="col-sm-2 form-control-label">eMa\
 4  il</label>
 5      <div class="col-sm-10">
 6          <input type="email" class="form-control"
 7                  id="inputEmail3" placeholder="E-Mail">
 8      </div>
 9      </div>
10      <div class="form-group">
11      <label for="inputPassword3" class="col-sm-2
12          form-control-label">Password</label>
13      <div class="col-sm-10">
14          <input type="password" class="form-control"
15                  id="inputPassword3" placeholder="Password">
16      </div>
17      </div>
18      <div class="form-group">
19      <div class="offset-sm-2 col-sm-10">
20          <div class="checkbox">
21          <label>
22              <input type="checkbox"> Remember
23          </label>
24          </div>
25      </div>
26      </div>
```

```
27      <div class="form-group">
28      <div class="offset-sm-2 col-sm-10">
29          <button type="submit" class="btn btn-secondary">Logon</butto\
30  n>
31      </div>
32      </div>
33  </form>
```

Hier stehen die Label links neben den Elementen. Bei geringer Breite fällt dieses Layout (im Bild ist die Breite > 768 Pixel) wieder auf das vorher gezeigte Schema mit darüber platzierten Labeln zurück.

Abbildung: Ein Formular mit Label neben dem Feld

5.2 Eingabeelemente

Formularelemente der Gruppe `<input>` benötigen das `type`-Attribut, um korrekt angezeigt zu werden. Unterstützt wird praktisch der gesamte Vorrat an HTML5-Typen:

- text
- password
- datetime
- datetime-local

- date
- month
- time
- week
- number
- email
- url
- search
- tel
- color

Input-Elemente

```
1   <input type="text"
2          class="form-control"
3          placeholder="Text input">
```

Textbereiche – also mehrzeilige Eingabefelder – fallen aus diesem Schema heraus:

```
1   <textarea class="form-control" rows="3" cols="55"></textarea>
```

Kontrollkästchen (checkbox) und Auswahlfelder (radio button) funktionieren wie bei Standard-HTML. Das Sperren mit dem Attribut disabled wird unterstützt. Damit das Sperren nicht nur mit dem Element selbst funktioniert, sondern auch das assoziierte Label betrifft, kann die Klasse *.disabled* benutzt werden. Diese Klasse ist auch im Zusammenhang mit *.radio, .radio-inline, .checkbox, .checkbox-inline* oder <fieldset> einsetzbar, die alle dazu dienen, den umschließenden Container passend zu formatieren.

Listing: Kontrollkästchen und Optionsfelder (Form_Elements.html)

```
1   <form class="row">
2     <div class="checkbox">
3       <label>
4         <input type="checkbox" value="">
5         Option one
6       </label>
7     </div>
8     <div class="checkbox disabled">
9       <label>
10        <input type="checkbox" value="" disabled>
11        Option two (deactivated)
12      </label>
13    </div>
14
15    <div class="radio">
16      <label>
17        <input type="radio" name="optionsRadios"
18               id="optionsRadios1" value="option1" checked>
19        Option one
20      </label>
21    </div>
22    <div class="radio">
23      <label>
24        <input type="radio" name="optionsRadios"
25               id="optionsRadios2" value="option2">
26        Option two
27      </label>
28    </div>
29    <div class="radio disabled">
30      <label>
31        <input type="radio" name="optionsRadios"
32               id="optionsRadios3" value="option3" disabled>
33        Option three
34      </label>
35    </div>
36  </form>
```

Das <label>-Element umschließt hier das Optionsfeld bzw. das Kontrollkästchen. Auf diese Weise löst ein Klick auf den Bezeich-

nungstext die Aktion aus, was eine angenehmere Benutzererfah-
rung ergibt.

Abbildung: Kontrollkästchen und Optionsfelder

Die Klassen *.checkbox-inline* bzw. *.radio-inline* ermöglichen eine
Aufreihung von Elementen nebeneinander.

**Listing: Kontrollkästchen und Optionsfelder nebeneinander (Form_Ele-
mentsHor.html)**

```
1   <form class="row">
2     <label class="checkbox-inline">
3       <input type="checkbox" id="inlineCheckbox1" value="option1"> 1
4     </label>
5     <label class="checkbox-inline">
6       <input type="checkbox" id="inlineCheckbox2" value="option2"> 2
7     </label>
8     <label class="checkbox-inline">
9       <input type="checkbox" id="inlineCheckbox3" value="option3"> 3
10    </label>
11
12    <label class="radio-inline">
13      <input type="radio" name="inlineRadioOptions"
14            id="inlineRadio1" value="option1"> 1
15    </label>
16    <label class="radio-inline">
17      <input type="radio" name="inlineRadioOptions"
18            id="inlineRadio2" value="option2"> 2
19    </label>
20    <label class="radio-inline">
21      <input type="radio" name="inlineRadioOptions"
22            id="inlineRadio3" value="option3"> 3
```

```
23    </label>
24  </form>
```

Abbildung: Kontrollkästchen und Optionsfelder nebeneinander

Wird das Standardverhalten benötigt, soll jedoch kein Text für das Label angezeigt werden, entfällt der Text und das Label umschließt das Eingabefeld:

```
1   <div class="checkbox">
2     <label>
3       <input type="checkbox" id="blankCheckbox" value="1"
4             aria-label="...">
5     </label>
6   </div>
7   <div class="radio">
8     <label>
9       <input type="radio" name="blankRadio" id="blankRadio1"
10            value="1" aria-label="...">
11    </label>
12  </div>
```

Select-Element

Auch Listen und Dropdowns (Klappmenü) lassen sich wie gewohnt einsetzen. Allerdings wenden einige Browser interne Stile an, die nicht mit CSS beeinflusst werden können. Möglicherweise sind Menüs die bessere Wahl, um volle Kontrolle über das Design zu erhalten.

Einfache Klappmenüs erlauben die Auswahl einer der Optionen:

```
1   <select class="form-control">
2     <option>1</option>
3     <option>2</option>
4     <option>3</option>
5     <option>4</option>
6     <option>5</option>
7   </select>
```

Mit dem Attribut `multiple` ist es möglich, mehrere Optionen aus-
zuwählen:

```
1   <select multiple class="form-control">
2     <option>1</option>
3     <option>2</option>
4     <option>3</option>
5     <option>4</option>
6     <option>5</option>
7   </select>
```

Statische Texte im Formular

Hilfetexte und statische Bausteine werden mit *form-control-static*
in einem Abschnitt `<p>` definiert.

Listing: Statische Elemente im Layout (Form_Help.html)

```
1   <form class="row">
2     <div class="form-group">
3       <label class="col-sm-2 form-control-label">
4         eMail
5       </label>
6       <div class="col-sm-10">
7         <p class="form-control-static">email@example.com</p>
8       </div>
9     </div>
10    <div class="form-group">
11      <label for="inputPassword" class="col-sm-2 form-control-label">P\
12  assword</label>
13      <div class="col-sm-10">
14        <input type="password" class="form-control"
```

```
15                    id="inputPassword" placeholder="Password">
16        </div>
17      </div>
18    </form>
```

E-Mail email@example.com

Kennwort Kennwort

Abbildung: Statische Elemente im horizontalen Layout

Listing: Anzeigefelder (Form_HelpInline.html)

```
1   <form class="form-inline">
2     <div class="form-group">
3       <label class="sr-only">eMail</label>
4       <p class="form-control-static">email@example.com</p>
5     </div>
6     <div class="form-group">
7       <label for="inputPassword2" class="sr-only">Password</label>
8       <input type="password" class="form-control"
9               id="inputPassword2" placeholder="Password">
10    </div>
11    <button type="submit" class="btn btn-secondary">
12      Confirm
13    </button>
14  </form>
```

email@example.com Kennwort Bestätigen

Abbildung: Statische Elemente im horizontalen Layout

Verhalten der Formularelemente

Formularelemente reagieren dynamisch auf den Fokus. Dabei wird der Rahmen entfernt und beim Erhalten des Fokus wird ein weicher Schatten eingeblendet. Auslöser ist die Pseudoklasse *:focus*.

Deaktivierte Steuerelemente benutzen `disabled` (Zeile 5) und werden etwas heller dargestellt:

```
1  <input class="form-control"
2         id="disabledInput"
3         type="text"
4         placeholder="Gesperrter Inhalt..."
5         disabled>
```

Mit `<fieldset>` und `disabled` lassen sich mehrere Elemente zusammen abschalten. Allerdings betrifft die Blockierung von Benutzeraktionen nur reguläre Formularelemente. Hyperlinks werden nicht abgeschaltet. Auch wenn Hyperlinks als Schaltflächen formatiert werden (`<a ... class="btn btn-*">`), verhalten sie sich weiter wie Links. Hier muss mit zusätzlichem JavaScript nachgeholfen werden. Bootstrap sorgt allerdings für die korrekte Darstellung, das heißt, dass die Schaltfläche "grau" erscheint. Sie wird aber dennoch ohne weitere Maßnahmen reagieren.

Listing: Gesperrte Felder (Form_Disabled.html)

```
1  <form>
2    <fieldset disabled>
3      <div class="form-group">
4        <label for="disabledTextInput">Disabled Field</label>
5        <input type="text" id="disabledTextInput"
6               class="form-control"
7               placeholder="Disabled field">
8      </div>
9      <div class="form-group">
10       <label for="disabledSelect">Disabled Menu</label>
11       <select id="disabledSelect" class="form-control">
12         <option>Option A Disabled</option>
```

```
13        <option>Option B Disabled</option>
14      </select>
15    </div>
16    <div class="checkbox">
17      <label>
18        <input type="checkbox"> Checkbox
19      </label>
20    </div>
21    <button type="submit" class="btn btn-primary">
22      Send
23    </button>
24  </fieldset>
25 </form>
```

Disabled Field

Disabled Field

Disabled Menu

Option B Disabled ▾

Option A Disabled
Option B Disabled

Send

Abbildung: Gesperrte Elemente (mit Mauszeiger)

Neben dem Abschalten von Steuerelementen lässt sich auch der sehr ähnliche Zustand "Nur Lesen" (readonly) einstellen. Dies basiert auf dem HTML-Attribut readonly. Das Element wird heller dargestellt und sieht damit erstmal wie bei disabled aus, allerdings bleibt der Mauszeiger unverändert und zeigt nicht das Sperrbild.

Listing: Nur-Lese-Modus (Ausschnitt aus Form_ReadOnly.html)

```
1   <input class="form-control"
2          type="text"
3          placeholder="Disabled Field"
4          readonly>
```

Insbesondere das Verhalten der Klapplisten ist anders – im Gegensatz zu `disabled` lassen sich die Elemente anwählen und damit ansehen. Eine Auswahl beim Senden des Formulars gelingt dennoch nicht.

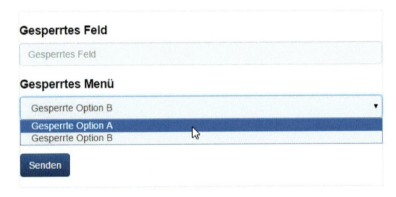

Abbildung: Elemente im "Nur Lese"-Modus

Validierungsinformationen in Formularen

Bootstrap kennt grundsätzlich drei Zustände: Fehler, Warnung und Erfolg. Diese werden durch die folgenden semantischen Klassen abgebildet:

- *.has-warning*: Warnung
- *.has-danger*: Gefahr / Fehler
- *.has-success*: Erfolg

Elemente, die die Klasse *.form-control-label* und *.form-control* enthalten, werden passend zum Status modifiziert.

Barrierefreiheit

Die Status wirken im weitesten Sinne auf die Farbe. Farbenblinde Benutzer können deshalb möglicherweise von den Angaben nicht profitieren. Deshalb sollte immer eine zusätzliche Angabe erfolgen. Dies erfolgt durch Hilfetexte, Symbole und *.sr-only*-Bereiche. Elemente, die sich nicht anpassen lassen, sollten aria-invalid="true" tragen.

Listing: Semantische Informationen in Eingabefeldern (Form_Semantic.html)

```
1   <form>
2     <div class="form-group has-success">
3       <label class="form-control-label" for="inputSuccess1">
4         Success message
5       </label>
6       <input type="text" class="form-control" id="inputSuccess1">
7     </div>
8     <div class="form-group has-warning">
9       <label class="form-control-label" for="inputWarning1">
10        A Warning
11      </label>
12      <input type="text" class="form-control" id="inputWarning1">
13    </div>
14    <div class="form-group has-danger">
15      <label class="form-control-label" for="inputError1">
16        Error condition
17      </label>
18      <input type="text" class="form-control" id="inputError1">
19    </div>
20    <div class="has-success">
21      <div class="custom-checkbox">
22        <label class="form-control-label">
23          <input type="checkbox" id="checkboxSuccess" value="option1">
24          Successful
25        </label>
26      </div>
```

```
27        </div>
28        <div class="has-warning">
29          <div class="checkbox">
30            <label class="form-control-label">
31              <input type="checkbox" class="has-warning"
32                       id="checkboxWarning" value="option1">
33              Warning
34            </label>
35          </div>
36        </div>
37        <div class="has-danger">
38          <div class="checkbox">
39            <label class="form-control-label">
40              <input type="checkbox" id="checkboxError" value="option1">
41              Error condition
42            </label>
43          </div>
44        </div>
45      </form>
```

Success message

A Warning

Error condition

☐ Successful

☐ Warning

☐ Error condition

Abbildung: Semantische Formularelemente

Optional lassen sich die Zustände mit Symbolen aufwerten. Dies erfolgt durch *.has-feedback* und ein Symbol am rechten Ende der Meldungsbereiche. Diese Symbole funktionieren nur, wenn `<input class="form-control">` benutzt wird.

Das folgende Beispiel zeigt, wie ein vollständig barrierefreies Formular aussehen kann:

Listing: Semantisch und Barrierefrei (Form_AriaSemantic1.html)

```
1   <form>
2     <div class="form-group has-success has-feedback">
3       <label class="form-control-label text-success"
4               for="inputSuccess2">Success</label>
5       <input type="text"
6               class="form-control form-control-success"
7               id="inputSuccess2"
8               aria-describedby="inputSuccess2Status">
9       <span id="inputSuccess2Status" class="sr-only">
10        (Success)</span>
11    </div>
12    <div class="form-group has-warning has-feedback">
13      <label class="form-control-label text-warning"
14              for="inputWarning2">With Warning</label>
15      <input type="text" class="form-control form-control-warning" id=\
16  "inputWarning2"
17              aria-describedby="inputWarning2Status">
18      <span id="inputWarning2Status" class="sr-only">
19      (Warning)</span>
20    </div>
21    <div class="form-group has-danger has-feedback">
22      <label class="form-control-label text-danger"
23              for="inputError2">With Error</label>
24      <input type="text" class="form-control form-control-danger"
25              id="inputError2"
26              aria-describedby="inputError2Status">
27      <span id="inputError2Status" class="sr-only">
28      (Error)</span>
29    </div>
30    <div class="form-group has-success has-feedback">
31      <label class="form-control-label"
32              for="inputGroupSuccess1">Successful Group</label>
33      <div class="input-group">
34        <span class="input-group-addon">@</span>
35        <input type="text" class="form-control form-control-success" i\
36  d="inputGroupSuccess1"
37              aria-describedby="inputGroupSuccess1Status">
38      </div>
39      <span id="inputGroupSuccess1Status" class="sr-only">
40      (Success)</span>
41    </div>
```

42   `</form>`

Gegenüber Bootstrap 3 gibt es hier einige Änderungen. Zum einen wurden die Klassennamen vereinheitlicht. Die Klasse *.control-label* heißt nun *.form-control-label*. Sie regelt nun noch den Abstand, nicht mehr die Farbe der Bezeichnung. Wenn die Label auch farblich hervorgehoben werden sollen, dann muss mit *.text-success* oder *.text-danger* usw. gearbeitet werden.

Die Glyphicons entfallen komplett und werden alleine durch die semantischen Klassen *.form-control-success*, *.form-control-error* usw. erzeugt.

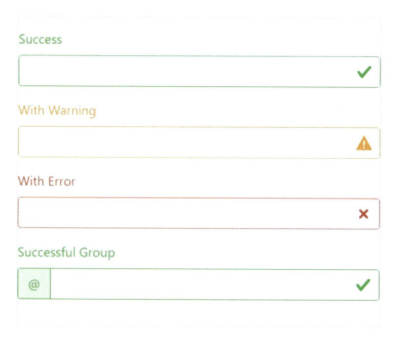

Abbildung: Semantische Elemente mit ARIA-Unterstützung

Symbole in Formularen, die einzeilig oder horizontal ausgelegt sind, werden folgendermaßen definiert:

Listing: Semantisch und barrierefrei (Form_AriaSemantic.html)

```
1   <form>
2     <div class="form-group has-success has-feedback">
3       <label class="form-control-label col-sm-3" for="inputSuccess3">S\
4   uccess</label>
5       <input type="text"
6             class="form-control form-control-success"
7             id="inputSuccess3"
8             aria-describedby="inputSuccess3Status">
9       <span id="inputSuccess3Status" class="sr-only">(Success)</span>
10    </div>
11    <div class="form-group has-danger has-feedback">
12      <label class="form-control-label col-sm-3" for="inputGroupError2\
13  ">Error</label>
14      <div class="input-group">
15        <span class="input-group-addon">@</span>
16        <input type="text" class="form-control form-control-danger"
17              id="inputGroupError2"
18              aria-describedby="inputGroupSuccess2Status">
19      </div>
20      <span id="inputGroupSuccess2Status" class="sr-only">(Error)</spa\
21  n>
22    </div>
23  </form>
```

Abbildung: Semantische Elemente mit ARIA-Unterstützung

Hier ein Formular mit einer Erfolgsmeldung:

Listing: Semantische Meldungen (Form_Success.html)

```
1   <form class="form-inline">
2     <div class="form-group has-success has-feedback">
3       <label class="form-form-control-label" for="inputSuccess4">
4         Erfolg
5       </label>
6       <input type="text" class="form-control"
7               id="inputSuccess4"
8               aria-describedby="inputSuccess4Status">
9       <span class="glyphicon glyphicon-ok form-control-feedback"
10              aria-hidden="true"></span>
11      <span id="inputSuccess4Status" class="sr-only">
12        (Erfolg)
13      </span>
14    </div>
15  </form>
16  <form class="form-inline">
17    <div class="form-group has-success has-feedback">
18      <label class="form-form-control-label" for="inputGroupSuccess3">
19        Erfolgreiche Gruppe
20      </label>
21      <div class="input-group">
22        <span class="input-group-addon">@</span>
23        <input type="text" class="form-control"
24                id="inputGroupSuccess3"
25                aria-describedby="inputGroupSuccess3Status">
26      </div>
27      <span class="glyphicon glyphicon-ok form-control-feedback"
28              aria-hidden="true"></span>
29      <span id="inputGroupSuccess3Status" class="sr-only">
30        (Erfolg)
31      </span>
32    </div>
33  </form>
```

Abbildung: Semantische Meldungen

Optionale Symbole mit versteckten `.sr-only`-Abschnitten unterstützen Screenreader. Das Symbol wird automatisch passend ausgerichtet:

Listing: Meldungen für Screenreader (Form_SuccessSR.html)

```
 1   <form class="form-inline">
 2     <div class="form-group has-success has-feedback">
 3       <label class="form-control-label sr-only"
 4              for="inputSuccess5">Hidden label</label>
 5       <input type="text" class="form-control"
 6              id="inputSuccess5"
 7              aria-describedby="inputSuccess5Status">
 8       <span class="fa fa-check form-control-feedback"
 9             aria-hidden="true"></span>
10       <span id="inputSuccess5Status" class="sr-only">
11       (Success)</span>
12     </div>
13     <div class="form-group has-success has-feedback">
14       <label class="form-control-label sr-only" for="inputGroupSuccess\
15   4">Successful Group</label>
16       <div class="input-group">
17         <span class="input-group-addon">@</span>
18         <input type="text"
19               class="form-control"
20               id="inputGroupSuccess4"
21               aria-describedby="inputGroupSuccess4Status">
22       </div>
23       <span class="fa fa-check form-control-feedback"
24             aria-hidden="true"></span>
25       <span id="inputGroupSuccess4Status" class="sr-only">
26       (Success)</span>
27     </div>
28   </form>
```

Formularelemente im Raster

Die Formatierung von Breite und Höhe erfolgt mit den üblichen Techniken. Für die Breite wird auf das Raster zurückgegriffen, mit Klassen wie *.col-lg-3* oder *.col-md-5*.

Listing: Anordnung im Raster (Form_Grid.html)

```html
<form>
  <div class="row">
    <div class="col-xs-2">
      <input type="text" class="form-control"
             placeholder="2 columns">
    </div>
    <div class="col-xs-3">
      <input type="text" class="form-control"
             placeholder="3 columns">
    </div>
    <div class="col-xs-4">
      <input type="text" class="form-control"
             placeholder="4 columns">
    </div>
  </div>
</form>
```

Abbildung: Gesperrte Elemente

Anpassung der Feldhöhe

Die Höhe nutzt eigene Klassen, die eine passende Ausdehnung ergeben: *.input-<xx>*. Die Gruppe muss auch angepasst werden, was mittels der Klasse *.input-group-<xx>* erfolgt. Für den Platzhalter ‹xx› setzen Sie "sm", "md", oder "lg" ein. "xs" ist der Standard hier und dafür gibt es keine extra Klasse.

Listing: Größe der Elemente (Form_ElementsSize.html)

```
1   <form>
2     <div class="input-group-lg">
3       <input class="form-control input-lg"
4               type="text" placeholder="Big">
5     </div>
6     <div class="input-group-md">
7       <input class="form-control"
8               type="text" placeholder="Normal">
9     </div>
10    <div class="input-group-sm">
11      <input class="form-control input-sm"
12              type="text" placeholder="Small">
13    </div>
14    <div class="input-group-lg">
15      <select class="form-control input-lg">
16        <option>1</option>
17        <option>2</option>
18        <option>3</option>
19      </select>
20    </div>
21    <div class="input-group-md">
22      <select class="form-control">
23        <option>1</option>
24        <option>2</option>
25        <option>3</option>
26      </select>
27    </div>
28    <div class="input-group-sm">
29      <select class="form-control input-sm">
30        <option>1</option>
31        <option>2</option>
32        <option>3</option>
33      </select>
34    </div>
35  </form>
```

Abbildung: Elemente in verschiedenen Größen

Die Größe horizontal laufender Formulare lässt sich zentral kontrollieren. Dazu wird die Klasse *.form-group-lg* oder *.form-group-sm* benutzt.

Listing: Größe der Elemente (Form_ElementsSizeHor.html)

```
1  <form>
2    <div class="form-group row">
3      <label class="col-sm-2 form-control-label"
4            for="formGroupInputLarge">Big Label</label>
5      <div class="col-sm-10">
6        <input class="form-control form-control-lg" type="text"
7              id="formGroupInputLarge" placeholder="Big input">
8      </div>
9    </div>
10   <div class="form-group row">
11     <label class="col-sm-2 form-control-label small"
12           for="formGroupInputSmall">Small Label</label>
13     <div class="col-sm-10">
14       <input class="form-control form-control-sm" type="text"
15             id="formGroupInputSmall" placeholder="Small input">
16     </div>
17   </div>
18 </form>
```

Abbildung: Elemente ausgerichtet

Hilfetexte in Formularen

Hilfetexte für Formulare werden immer wieder benötigt. Sie sind zum einen für die Anzeige, zum anderen auch für Screenreader, um barrierefreie Seiten zu unterstützen. Damit das funktioniert, sollten die passenden *aria*-Attribute immer mit den Bootstrap-Klassen zusammen eingesetzt werden.

Listing: Hilfetexte in Formularen (Form_ElementsHelp.html)

```
1  <form>
2    <div class="form-group form-group-lg">
3      <label for="inputHelpBlock">Your input</label>
4      <input type="text" id="inputHelpBlock" class="form-control"
5              aria-describedby="helpBlock">
6      <span id="helpBlock" class="text-gray-dark small">
7        You can enter something here.</span>
8    </div>
9  </form>
```

Die in Bootstrap 3 vorhandene Klasse *.help-block* gibt es nicht mehr. Sie erreichen diesen Effekt mit *.text-gray-dark* und *.small*, haben aber mit weiteren Farben und Größen nun viel mehr Optionen ohne noch mehr Klassen lernen zu müssen.

Ihre Eingabe

Sie können hier was eingeben.

Abbildung: Hilfetexte

5.3 Schaltflächen

Schaltflächen (buttons) sind in der einen oder anderen Form in jeder Webanwendung zu finden. Bootstrap sieht in Schaltflächen ein Gestaltungselement, dass von technischen Rahmenbedingungen losgelöst ist. Technisch kann eine Schaltfläche nur ein Formular absenden, was praktisch immer eine POST-Anfrage auslöst. Wird dagegen ein Zugriff auf den Server via GET benötigt, kommt ein Hyperlink zum Einsatz. Gestalterisch stellt Bootstrap nun beides auf eine Stufe. Schaltflächen lassen sich mit `<a>`, `<button>` oder `<input>` erstellen.

Listing: Schaltflächen (Form_Buttons.html)

```
1   <a class="btn btn-secondary" href="#" role="button">
2     Link
3   </a>
4   <button class="btn btn-secondary" type="submit">
5     Button
6   </button>
7   <input class="btn btn-secondary"
8         type="button" value="Input">
9   <input class="btn btn-secondary"
10        type="submit" value="Submit">
```

Abbildung: Schaltflächen – mehrere Varianten mit demselben Effekt

Es gibt jedoch die Einschränkung, dass in Navigationsleisten, die mit *.nav* oder *.navbar* aufgebaut sind, nur das neutrale Element `<button>` zulässig ist.

Werden `<a>`-Tags als Schaltfläche benutzt, sollten diese nur der Seitennavigation dienen und nicht ihre ursprüngliche Funktion als Hyperlink auslösen, weil dies nicht das vom Benutzer erwartete Verhalten ist. Darüberhinaus sollte die Funktion durch `role="button"` unterstrichen werden. Auch dann ist es fraglich, ob dies eine gute Idee ist, weil nicht bei allen Browsern sichergestellt werden kann, dass sich deren Funktion wie erwartet verhält. Nutzen Sie im Zweifelsfall für Schaltflächen – wenn immer dies möglich ist – bevorzugt `<button>`.

Semantische Schatlflächen

Schaltflächen gibt es in sieben Varianten mit semantischer Ausprägung:

- *Secondary*: Standard, grau, allgemeine Funktion
- *Primary*: Löst die Hauptfunktion aus, visueller Effekt durch blaue Farbe verstärkt
- *Success*: Erfolg, grün, positive oder bejahende Aktion
- *Info*: Information, violet, verdeutlichte Hervorhebung kritischer oder spezieller Aktionen
- *Warning*: Warnung, orange, kritische oder komplexe Aktion, bei der Vorsicht geboten ist
- *Danger*: Gefahr, rot, gefährliche oder unumkehrbare Aktion, negativ
- *Link*: Formatiert eine Schaltfläche als Link, oft als reduzierte Aktion, Zusatzverhalten

Semantische Schaltflächen

```
1   <button type="button" class="btn btn-secondary">Default</button>
2
3   <button type="button" class="btn btn-primary">Primary</button>
4
5   <button type="button" class="btn btn-success">Success</button>
6
7   <button type="button" class="btn btn-info">Info</button>
8
9   <button type="button" class="btn btn-warning">Warning</button>
10
11  <button type="button" class="btn btn-danger">Danger</button>
```

Abbildung: Semantische Schaltflächen

Wie bereits zuvor ist die Zuordnung einer ansatzweise semantischen Bedeutung mittels Farben auf Umgebungen beschränkt, die
Farben uneingeschränkt konsumieren können. Zusätzliche Label,
die mit *.sr-only* bestückt sind, sollten die beabsichtigte Wirkung
unterstreichen.

Größe und Aussehen

Für größere oder kleinere Schaltflächen sollten die Klassen *.btn-lg*,
.btn-sm oder *.btn-xs* benutzt werden. Sie ergänzen die Basisklasse
btn und sind unabhängig von der Farbgebung. Die Standardgröße
eignet sich bereits für die Touch-Bedienung. Mausgesteuerte Seiten
werden mit kleineren Schaltflächen besser aussehen.

```
1   <p>
2     <button type="button" class="btn btn-primary btn-lg">
3        Large
4     </button>
5     <button type="button" class="btn btn-secondary btn-lg">
6        Large
7     </button>
8   </p>
9   <p>
10    <button type="button" class="btn btn-primary">
11       Default
12    </button>
13    <button type="button" class="btn btn-secondary">
14       Default
15    </button>
16  </p>
17  <p>
18    <button type="button" class="btn btn-primary btn-sm">
19       Small
20    </button>
21    <button type="button" class="btn btn-secondary btn-sm">
22       Small
23    </button>
24  </p>
25  <p>
26    <button type="button" class="btn btn-primary btn-xs">
27       Miniscule
28    </button>
29    <button type="button" class="btn btn-secondary btn-xs">
30       Miniscule
31    </button>
32  </p>
```

Abbildung: Größe der Schaltflächen

Manchmal sollen Schaltflächen den Container, in dem sie sind, komplett ausfüllen. Dazu dient die Klasse *.btn-block*.

Schaltflächen horizontal erweitert (Form_ButtonsContainer.html)

```
1  <button type="button"
2         class="btn btn-primary btn-lg btn-block">
3    Block
4  </button>
5  <button type="button"
6         class="btn btn-secondary btn-lg btn-block">
7    Block
8  </button>
```

Beachten Sie hier, dass dies nur auf die Breite wirkt. Eine passende Höhe muss separat mit *.btn-lg* usw. erreicht werden.

Abbildung: Schaltflächen horizontal erweitert

Neben der Basisfarbe können Schaltflächen Zustände haben. Der
Zustand "Gedrückt" wird mit ":active" bzw. bei formatierten Hyperlinks auch *.active* erreicht. Fügen Sie für eine barrierefreie Ausprägung `aria-pressed="true"` hinzu.

```
1  <button type="button" class="btn btn-primary btn-lg active">
2    Primary
3  </button>
4  <button type="button" class="btn btn-secondary btn-lg active">
5    Default
6  </button>
```

Neu in Bootstrap 4 ist die Möglichkeit, umrandete Schaltflächen
darzustellen. Damit wird die massive optische Wirkung der bisherigen Schaltflächen vermieden. Bisher profitierten die Elemente
von einem schwachen Farbverlauf, der einen leichten 3D-Effekt
erzeugte. Die in neueren Websites oft benutzten flachen, reduzierten
Gestaltungen wirken damit aber überfrachtet. Hier greifen die
"Outline"-Schaltflächen:

Semantische Schaltflächen mit Rahmen

```
1  <button type="button"
2      class="btn btn-outline-secondary">Default</button>
3
4  <button type="button"
5      class="btn btn-outline-primary">Primary</button>
6
7  <button type="button"
8      class="btn btn-outline-success">Success</button>
9
10 <button type="button"
11     class="btn btn-outline-info">Info</button>
12
13 <button type="button"
14     class="btn btn-outline-warning">Warning</button>
15
16 <button type="button"
17     class="btn btn-outline-danger">Danger</button>
```

Abbildung: Semantische Schaltflächen mit Rahmen

Zustände

```
1  <a href="#"
2     class="btn btn-primary btn-lg active"
3     role="button">
4   Primary
5  </a>
6  <a href="#"
7     class="btn btn-secondary btn-lg active"
8     role="button">
9   Link
10 </a>
```

Der Zustand "Deaktiviert" (disabled) zeigt an, dass die Schaltfläche nicht gedrückt werden kann. Dazu wird das HTML-Attribut `disabled` benutzt.

```
1  <button type="button"
2          class="btn btn-lg btn-primary"
3          disabled="disabled">Primary</button>
4  <button type="button"
5          class="btn btn-secondary btn-lg"
6          disabled="disabled">Default</button>
```

Für als Hyperlinks formatierte Schaltflächen kann die Klasse *.disabled* benutzt werden.

```
1   <a href="#"
2     class="btn btn-primary btn-lg disabled"
3     role="button">Primary</a>
4   <a href="#"
5     class="btn btn-secondary btn-lg disabled"
6     role="button">Link</a>
```

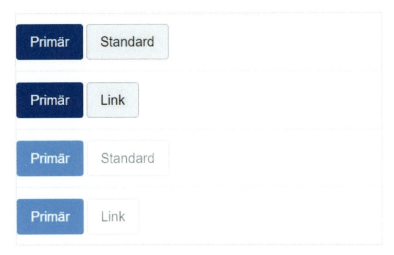

Abbildung: Diverse Zustände einer Schaltfläche

 Beachten Sie, dass die Abschaltung von Elementen mit CSS-Klassen lediglich Kosmetik ist. Auch die Nutzung von *pointer-events: none* intern verhindert nicht, dass sich solche Elemente mit der Tastatur anwählen und auslösen lassen. Sie müssen hier fast immer mit eigenem JavaScript dafür sorgen, dass die Funktion mit der Darstellung übereinstimmt.

6. Weitere Bausteine

In diesem Kapitel geht es um Bilder, Effekte und Symbole. Bilder werden nur insoweit unterstützt, als dass hier einige Effekte verfügbar sind.

6.1 Symbole

Die Sumbole – genauer fontbasierte Symbole – sind die Grundlage der Symbolfunktionen. Die in Bootstrap 3 genutzten Halflings der Glyphicons-Bibliothek (eine Referenz an "Herr der Ringe") sind normalerweise nicht frei. Bootstrap 4 enthält keine Glyphicons mehr und Sie müssen auf eine der vielen Font-Bibliotheken ausweichen.

 ### Warum Symbolfonts?

Fontbasierte Symbole vermeiden das Problem, das einzelne Symbolbildchen zu einer Flut weiterer Anforderungen auf dem Server führen. Stattdessen werden alle Symbole als ein Font geladen – also in einer Datei. Allerdings ist ein Symbol dann wie ein Buchstabe. Er ist in der Größe und Ausdehnung veränderbar, kann aber nur eine Farbe annehmen. Fonts sind zudem meist flach, 3D-Effekte scheiden hier aus. Für schnelle, moderne Webseiten haben sich Glyphs jedoch weit etabliert.

Alternativen

Folgende Alternativen stehen darüber hinaus zu Verfügung:

- Font Awesome[1] – 675 Symbole
- Octicons, die Github-Icons[2] – 160 Symbole
- Elegant Icon Font[3] – 350 Symbole
- Typicons[4] – 336 Symbole
- Meteocons[5] – 40 Wettersymbole
- Open Iconic[6] – 223 Symbole, die sich bis auf 8 Pixel verkleinern lassen

Dies ist freilich nur eine kleine Auswahl und soll dazu anregen, vor den ersten Designversuchen die passende Unterstützung zu suchen.

In diesem Buch wird für zusätzliche Symbole Font-Awesome benutzt.

---

[1]http://fortawesome.github.io/Font-Awesome/
[2]https://octicons.github.com/
[3]http://www.elegantthemes.com/blog/resources/elegant-icon-font
[4]http://typicons.com
[5]http://www.alessioatzeni.com/meteocons
[6]https://useiconic.com/open

Abbildung: Der freie Symbolfont Octicons

Nutzung der Symbole

Die folgenden Beispiele zeigen die Vorgehensweise anhand der Bibliothek *Font Awesome*. Binden Sie die Dateien mit Bower ein:

$ bower install Font-Awesome

Die Konfigurationsdatei *bower.json* sieht dann folgendermaßen aus (Ausschnitt):

```
1   {
2         "name": "Demo",
3         "private": true,
4     "dependencies": {
5       "bootstrap": "4.0",
6       "Font-Awesome": "4.7.0"
7     }
8   }
```

In die HTML-Datei kommt dann ein weiterer Link auf die CSS-Definition:

```
1   <link href="../bower_components/Font-Awesome/css/font-awesome.css"
2         rel="stylesheet" />
```

Um die Definition kompakt zu halten, werden alle Symbole über eine Basisklasse und eine Symbolklasse erreicht. Außerdem ist zu beachten, dass das Symbol technisch ein (1) Zeichen ist. Wenn ein Symbol im laufenden Text oder als Ergänzung eines Texts auf einer Schaltfläche erscheint, sollte es mit einem Leerzeichen getrennt werden.

Symbolklassen sollten immer ein exklusives Element haben und sich das Element nicht mit anderen Klassen teilen. Im Zweifelsfall tut es ein zusätzliches `<span>`-Element. Kindelemente sollten ebenso vermieden werden. Wenn Symbole keine semantische Bedeutung haben, sondern lediglich dekorativen ZWecken dienen, vermeiden

Sie die Ausgabe durch Screenreader mit `aria-hidden="true"`. Umgekehrt sollten Sie Screenreader explizit bedienen, wenn das Symbol eine Bedeutung hat, und weiteren Text mit `.sr-only` versteckt hinzufügen.

```
1  <span class="fa fa-search"
2       aria-hidden="true"></span>
```

Nutzung auf Schaltflächen

Einige Beispiele zeigen, wie Symbole auf Schaltflächen benutzt werden können.

Listing: Schaltflächen mit Symbolen (Icons_Btn.html)

```
1  <button type="button"
2         class="btn btn-secondary"
3         aria-label="Left Align">
4    <span class="fa fa-align-left"
5         aria-hidden="true">
6    </span>
7  </button>
8
9  <button type="button"
10        class="btn btn-secondary btn-lg">
11   <span class="fa fa-star"
12        aria-hidden="true">
13   </span> Star
14 </button>
```

Abbildung: Schaltflächen mit Symbolen

Meldungen

Auf einer Meldung eignen sich Symbole zum Hervorheben oder zum Anzeigen einer Ausblendmögichkeit:

Listing: Meldungen mit Symbolen (Icons_Messages.html)

```
1  <div class="alert alert-danger" role="alert">
2    <span class="fa fa-exclamation" aria-hidden="true"></span>
3    <span class="sr-only">Error</span>
4    Please enter a valid address
5  </div>
```

❗Please enter a valid address

Abbildung: Meldungen mit Symbolen

Häufige Symbole

Ein Symbol zum Schließen von Dialogen oder Meldungen definieren Sie wie folgt:

```
1  <button type="button" class="close" aria-label="Close">
2  <span aria-hidden="true">&times;</span></button>
```

Abbildung: Effekt einer Schließschaltfläche (ohne Funktion)

Ein Hinweis auf ein Kontextmenü wird mit *.caret* erzeugt:

```
1   <span class="caret"></span>
```

Abbildung: Effekt eines Kontextmenüs (ohne Funktion)

6.2 Responsive Bilder

Bilder haben normalerweise eine natürliche Ausdehnung. Auf großen Bildschirmen ist das unkritisch, auf kleinen können sie jedoch schnell den Sichtbereich verlassen. Mit *.img-fluid* lassen sich Bilder besser darstellen. Diese Klasse erzwingt drei Aktionen:

- *max-width: 100%;*
- *height: auto;*
- *display: block;*

Damit skaliert das Bild auf die Gerätebreite und bleibt dort stabil. Sollte es gegenüber der natürlichen Größe extrem verkleinert sein, sollten Sie in Erwägung ziehen die Skalierung serverseitig zu lösen. Sie benötigen sonst viele Bandbreite und erreichen für den Benutzer wenig Effekt.

Wenn *.img-fluid* benutzt wird, stehen einige weitere Optionen zu Verfügung. Die Klasse *.center-block* zentriert das Bild im Container.

 ## SVG und IE 8 bis 10

Im Internet Explorer 8-10 werden SVG-Bilder (scalable vector graphics) mit *.img-fluid* ungünstig skaliert. Um das zu lösen, sollten Sie selbst jedem Bild die Stilregel *width: 100% \9;* hinzufügen. Bootstrap macht das nicht automatisch, weil dies für andere Formate Nachteile hat.

```
1   <img src="..." class="img-fluid" alt="Responsive image">
```

 Die Klasse *.img-responsive* aus Bootstrap 3 gibt es nicht mehr. Sie wurde durch *.img-fluid* ersetzt.

Bilder lassen sich leicht in eine besondere Form bringen, wenn folgende Klasse benutzt wird:

- *.img-thumbnail*: Vorschaubild

Listing: Effekte für Bilder (Image_Effects.html)

```
1   <img src="..." alt="..." class="img-thumbnail">
```

Abbildung: Bildeffekte

6.3 Eingebettete Quellen

Eingebettete Quellen für Video, Audio oder externe HTML-Seiten basieren auf `<iframe>`-, `<embed>`-, `<video>`- und `<audio>`-Elementen. Die bei Frames üblicherweise benutzte Attributierung mit `frame-border="0"` liefert Bootstrap automatisch mit. Die Klasse *embed-responsive* kümmert sich um die korrekte Darstellung und das Format kann mit einer weiteren Klasse angegeben werden:

- *.embed-responsive-16by9*: Format 16 : 9
- *.embed-responsive-4by3*: Format 4 : 3

```html
<!-- 16:9 aspect ratio -->
<div class="embed-responsive embed-responsive-16by9">
  <iframe class="embed-responsive-item" src="..."></iframe>
</div>

<!-- 4:3 aspect ratio -->
<div class="embed-responsive embed-responsive-4by3">
  <iframe class="embed-responsive-item" src="..."></iframe>
</div>
```

6.4 Farben und Hintergründe

Farben und Hintergründe gelten global, können also auf eienr Vielzahl der zuvor gezeigten Elemente zum Einsatz kommen.

Textfarbe

Für Textfarben stehen wieder einige Klassen bereit, die eine leicht semantische Bedeutung haben. Die primären Klassen sind:

- *text-muted*: Unterdrückt, heller und grau
- *text-primary*: Primär, Hauptaktion oder primäre Aussage, blau, wichtig
- *text-success*: Erfolg, grün, positiv oder Erfolg
- *text-info*: Information, violet, hervorzuheben, Aufmerksamkeit erforderlich
- *text-warning*: Warnung, orange, Aktion ist folgenreich oder Meldung ist kritisch
- *text-danger*: Gefahr, rot, Fehler oder unumkehrbares, ernsthafte Warnung

Listing: Farben für Text (Text_Colors.html)

```
1   <p class="text-muted">...</p>
2   <p class="text-primary">...</p>
3   <p class="text-success">...</p>
4   <p class="text-info">...</p>
5   <p class="text-warning">...</p>
6   <p class="text-danger">...</p>
```

Unterdrückt

Standard

Erfolg

Info

Warnung

Gefahr

Abbildung: Textfarben

Wenn die Zuweisung zu einem Element – ‹p› ist hier nur ein Beispiel – nicht den gewünschten Effekt hat, kann die Nutzung eines weiteren ‹span›-Elements hilfreich sein. Erneut gilt, dass die schwach semantische Bedeutung nicht barrierefrei ist und Screenreader diese Information nicht wiedergeben. Zusätzliche Angaben, die mit *.sr-only* versteckt werden, sind die richtige Lösung.

Hintergrundfarbe

Für Hintergrundfarben stehen ähnliche Klassen bereit, die eine leicht semantische Bedeutung haben. Die primären Begriffe sind:

- *Primary*: Primär, Hauptaktion oder primäre Aussage, blau
- *Success*: Erfolg, grün, positiv oder Erfolg
- *Info*: Information, violet, hervorzuheben, Aufmerksamkeit erforderlich
- *Warning*: Warnung, orange, Aktion ist folgenreich oder Meldung ist kritisch
- *Danger*: Gefahr, rot, Fehler oder unumkehrbares, ernsthafte Warnung

```
1  <p class="bg-primary">...</p>
2  <p class="bg-success">...</p>
3  <p class="bg-info">...</p>
4  <p class="bg-warning">...</p>
5  <p class="bg-danger">...</p>
```

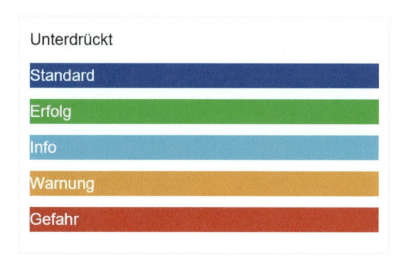

Abbildung: Hintergrundfarben

Wenn die Zuweisung zu einem Element – <p> ist hier nur ein Beispiel – nicht den gewünschten Effekt hat, kann die Nutzung eines weiteren <div>-Elements hilfreich sein. Erneut gilt, dass die schwach semantische Bedeutung nicht barrierefrei ist und Screen-reader diese Information nicht wiedergeben. Zusätzliche Angaben, die mit *.sr-only* versteckt werden, sind die richtige Lösung.

6.5 Ausrichtung von Elementen im Fluss

Der natürliche Fluss (Elementfolge) auf einer Seite lässt sich durch die Klassen *.float-<xx>-left* und *.float-<xx>-right* verändern. ‹xx› ist wieder der Platzhalter für die Werte "xs", "sm", "md" oder "lg". Bei der Anwendung wird das Element immer zwingend an den rechten bzw. linken Rand gezogen, auch wenn damit die natürliche Reihenfolge verändert wird. Intern basiert dies auf der Regel float.

```
1  <div class="float-md-left">...</div>
2  <div class="float-md-right">...</div>
```

Dies sollte nicht in Navigationsleisten erfolgen, dort gibt es die spezifischen Klassen *.navbar-left* oder *.navbar-right*.

Zentrieren

Mit *.text-<xx>-center* lässt sich ein Element im Container zentrieren:

```
1  <div class="text-md-center">...</div>
```

‹xx› ist wieder der Platzhalter für die Werte "xs", "sm", "md" oder "lg".

 Benutzen Sie niemals das veraltete HTML-Element <center>!

Umbruch: Clearfix

Um den Fluss zu unterbrechen, wird *.clearfix* auf dem Elternelement benutzt.

```
1   <div class="clearfix">...</div>
```

Ein Umbruch im Fluss der HTML-Element sollte sich eigentlich leicht mit *display:block* erreichen lassen. Tatsächlich gehört die ewige Clearfix-Geschichte zu den komplexesten Hacks in der CSS-Welt. Was also steckt dahinter? Zuerst die Definition in Bootstraps SASS-Quellcode:

```
1   @mixin clearfix() {
2     &::after {
3       content: "";
4       display: table;
5       clear: both;
6     }
7   }
```

Dieser Code erzeugt Pseudo-Elemente und setzt den Display-Mode auf *table*. Dies erzeugt eine anonyme Tabellenzelle im Blockformat. Die :before-Regel verhindert, dass der obere Rand mit dem vorhergehenden Element zusammenfällt (kollabiert). Damit wird verhindert, das ein "fremder" Abstand stört. Die :after-Regel erzeugt den eigentlichen Umbruch des Elements auf die nächste Zeile.

6.6 Inhalte anzeigen und verstecken

Mit den Klassen *.hidden-<xx>* werden Inhalte explizit angezeigt oder versteckt. Die Anwendung gelingt jedoch nur für Blockelemente, wie beispielsweise <div>.

<xx> ist wieder der Platzhalter für die Werte "xs", "sm", "md" oder "lg".

```
1   <div class="hidden-xs hidden-sm">...</div>
```

Das Anzeigen oder Ausblenden kann auch von der Gerätebreite abhängig gemacht werden. Dazu dienen folgende Klassen ("<>" sind Platzhalter):

- *.hidden-xs*: Ausblenden nur bei "xs"
- *.hidden-sm*: Ausblenden nur bei "sm"
- *.hidden-md*: Ausblenden nur bei "md"
- *.hidden-lg*: Ausblenden nur bei "lg"
- *.hidden-xl*: Ausblenden nur bei "xl"

Analog zu Bildschirmen lassen sich auch Inhalte beim Drucken anzeigen oder ausblenden:

- *.visible-print-block*
- *.visible-print-inline*
- *.visible-print-inline-block*
- *.hidden-print*

7. Komponenten

Komponenten sind Bausteine aus der Bootstrap-Bibliothek, die eine bestimmte Funktionalität liefern und die über die reine Nutzung von CSS hinausgehen. Um sie zu nutzen wird zusätzlich zu CSS eine Kombination aus HTML, JavaScript und Font-Bibliotheken genutzt.

7.1 Klappmenüs (dropdown)

Dropdowns – Kontext- oder Klappmenüs – sind fester Bestandteil vieler Formulare. Die Interaktion ist komplex und basiert teilweise auf JavaScript. Dies muss nicht separat aktiviert werden, die data--Attribute greifen hier, konkret `data-toggle="dropdown"`. Auch Menüs profitieren von Symbolen.

In Bootstrap 4 werden Menüs nicht mehr mit `<ul><li></li></ul>` erstellt, sondern mit `<div>` und normalen Schaltflächen oder Anchor-Tags, die mit *dropdown-menu* bzw. *dropdown-item* dekoriert werden.

Listing: Menü nach unten klappen (Icons_DropDown.html)

```
1   <div class="dropdown">
2     <button class="btn btn-default dropdown-toggle"
3             type="button"
4             id="dropdownMenu1"
5             data-toggle="dropdown"
6             aria-haspopup="true" aria-expanded="true">
7       Runterklappen
8       <span class="caret"></span>
9     </button>
10    <div class="dropdown-menu" aria-labelledby="dropdownMenu1">
11      <a class="dropdown-item" href="#">Bearbeiten</a>
12      <a class="dropdown-item" href="#">Löschen</a>
```

```
13      <a class="dropdown-item" href="#">Details</a>
14      <a class="dropdown-item" href="#">Sperren</a>
15    </div>
16  </div>
```

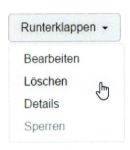

Abbildung: Menü nach unten klappen

Mit der Klasse *dropup* kann das Menü nach oben statt nach unten klappen.

Listing: Menü nach oben klappen (Icons_DropUp.html)

```
1   <div class="dropup">
2     <button class="btn btn-default dropdown-toggle"
3             type="button"
4             id="dropdownMenu2" data-toggle="dropdown"
5             aria-haspopup="true" aria-expanded="false">
6       Hochklappen
7       <span class="caret"></span>
8     </button>
9   <div class="dropdown-menu" aria-labelledby="dropdownMenu2">
10      <a class="dropdown-item" href="#">Bearbeiten</a>
11      <a class="dropdown-item" href="#">Löschen</a>
12      <a class="dropdown-item" href="#">Details</a>
13      <a class="dropdown-item" href="#">Sperren</a>
14    </div>
15  </div>
```

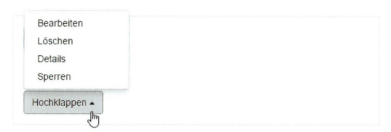

Abbildung: Menü nach oben klappen

Ausrichtung des Menüs

Normal ist das Menü links ausgerichtet. Mit *.dropdown-menu-right* lässt es sich im Container rechts ausrichten. Ansonsten stehen die Menüs im normalen Fluss der Seite. Dies ist sicherer als die Benutzung von *.pull-right*, die hier nicht offiziell unterstützt wird. Sollte eine Ausrichtung in einem Elternelement erfolgen, die aufgehoben werden muss, nutzen Sie *.dropdown-menu-left*.

Listing: Ausrichtung im Container (Icons_DropDown_Right.html)

```
1  <div class="dropdown-menu dropdown-menu-right"
2      aria-labelledby="dLabel">
3    ...
4  </div>
```

Effektive Containerbreite bestimmt die Position

Abbildung: Ausrichtung im Container

Dekorationselemente

Dekorationselemente schmücken Menüs aus. Sie sollen vor allem die Lesbarkeit langer Menüs verbessern und nicht nur Schmuckzwecken dienen.

Zwischenüberschrift in Menüs

Inaktive Zwischenüberschriften können zur Dekoration hinzugefügt werden. Dazu wird ein normales Überschriftenelement passender Größe benutzt; meist passt ‹h6› ganz gut.

Listing: Zwischenüberschrift (Icons_Dropdown_Header.html)

```
1   <div class="dropdown-menu"
2       aria-labelledby="dropdownMenu3">
3     ...
4     <h6 class="dropdown-header">Wichtiges</h6>
5     ...
6   </div>
```

Abbildung: Zwischenüberschrift

Trennzeilen

Um eine Reihe von Links optisch zu trennen, nutzen Sie Trennzeilen. Dies macht lange Menüs besser lesbar. Mit der Klasse *.dropdown-divider* wird der Effekt erzielt.

Listing: Trennlinie (Icons_DropDown_Sep.html)

```
1   <div class="dropdown-menu"
2       aria-labelledby="dropdownMenuDivider">
3       ...
4       <div role="separator" class="dropdown-divider" />
5       ...
6   </div>
```

Abbildung: Trennlinie

Alternativ ist auch die Benutzung von ‹hr /› möglich.

Deaktivierte Links

Mit *.disabled* wird das ‹li› eines Menüeintrags deaktiviert.

Listing: Deaktivierter Eintrag (Icons_DropDown_Dis.html, Ausschnitt)

```
1   <div class="dropdown-menu" aria-labelledby="dropdownMenu1">
2     <a class="dropdown-item" href="#">Bearbeiten</a>
3     <a class="dropdown-item" href="#">Löschen</a>
4     <a class="dropdown-item" href="#">Details</a>
5     <div role="separator" class="dropdown-divider"></div>
6     <a class="dropdown-item disabled" href="#">Sperren</a>
7   </div>
```

Abbildung: Deaktivierter Eintrag

7.2 Werkzeugleisten (toolbar)

Werkzeugleisten (Toolbars) sind technisch Gruppen von Schaltflächen. Die Schaltflächen stehen dabei horizontal nebeneinander.
Eingebettete Kontrollkästchen und Optionsschalter benötigen Java-
Script, um korrekt zu arbeiten. Dies muss nicht manuell aktiviert
werden.

Tooltips und überlagerte Dialoge (pop over) benötigen spezielle Einstellungen – container: 'body' in den Optionen des JavaScript-
Teils – um anzugeben, wo das Element an das DOM andocken
darf, um den Rendervorgang auszulösen. *body* ist meist passend,
allerdings kann hier jedes Container-Element adressiert werden.

```
1   $("#testsettracesBtn1").popover({
2       container: 'body'
3   });
```

Mit dem role-Attribut wird die semantische Bedeutung unterstützt,
entweder role="group" oder role="toolbar". Wie bereits zuvor ist
die Unterstützung von Screenreadern sinnvoll, was mit aria-label
oder aria-labelledby erreicht wird.

```
1  <div class="btn-group" role="group" aria-label="...">
2   <button type="button" class="btn btn-default">Links</button>
3   <button type="button" class="btn btn-default">Mitte</button>
4   <button type="button" class="btn btn-default">Rechts</button>
5  </div>
```

Mit einer Kombination aus `<div class="btn-group">` innerhalb von `<div class="btn-toolbar">` lassen sich komplexere Werkzeugleisten bauen:

```
1  <div class="btn-toolbar" role="toolbar" aria-label="">
2   <div class="btn-group" role="group" aria-label="">...</div>
3   <div class="btn-group" role="group" aria-label="">...</div>
4   <div class="btn-group" role="group" aria-label="">...</div>
5  </div>
```

Mit *.btn-group*-Klassen lassen sich komplette Gruppen von Schaltflächen in der Größe anpassen. Die üblichen Suffixe "xs", "sm" und "lg" stehen zur Verfügung – der Standardwert ist "md".

```
1  <div class="btn-group btn-group-lg"
2      role="group"
3      aria-label="...">...</div>
4  <div class="btn-group"
5      role="group"
6      aria-label="...">
7   ...
8  </div>
9  <div class="btn-group btn-group-sm"
10     role="group"
11     aria-label="...">
12  ...
13 </div>
14 <div class="btn-group btn-group-xs"
15     role="group"
16     aria-label="...">
17  ...
18 </div>
```

Wenn Gruppen mit Klappmenüs kombiniert werden sollen, lassen sich die *.btn-group*-Klassen verschachteln.

Listing: Werkzeugleiste mit Schaltflächen (Toolbar.html)

```
1   <div class="btn-toolbar" role="toolbar" aria-label="Toolbar">
2     <div class="btn-group" role="group">
3       <button type="button"
4               class="btn btn-secondary dropdown-toggle"
5               data-toggle="dropdown"
6               aria-haspopup="true" aria-expanded="false">
7         Sort
8         <span class=fa fa-caret-down></span>
9       </button>
10      <div class="dropdown-menu">
11        <a class="dropdown-item" href="#">Descending</a>
12        <a class="dropdown-item" href="#">Ascending</a>
13      </div>
14    </div>
15    <div class="btn-group" role="group">
16      <button class="btn btn-danger">Delete</button>
17    </div>
18    <div class="btn-group" role="group">
19      <button class="btn btn-primary">Detail</button>
20    </div>
21  </div>
```

Abbildung: Werkzeugleiste mit Schaltflächen

Vertikale Ausrichtung

Bislang wurde davon ausgegangen, dass Werkzeugleisten immer horizontal verlaufen. Sollen Sie am Rand angeordnet werden, ist eine vertikale Form besser geeignet. Der folgende Code zeigt, wie es geht. Im Code wird für die Symbole *Font Awesome* benutzt. Das entsprechende CSS muss zusätzlich eingebunden werden.

Listing: Vertikale Werkzeugleiste mit Schaltflächen (Toolbar_Vertical.html)

```
1  <div class="btn-toolbar" role="toolbar" aria-label="Toolbar">
2    <div class="btn-group-vertical" role="group">
3      <button class="btn btn-info">
4        <span class="fa fa-plus"></span>
5      </button>
6      <button class="btn btn-info">
7        <span class="fa fa-minus"></span>
8      </button>
9      <button class="btn btn-danger">Delete</button>
10     <button class="btn btn-primary">Detail</button>
11   </div>
12 </div>
```

Geteilte Schaltflächen (split button) oder Klappmenüs können hier nicht benutzt werden – die Menüs werden falsch platziert.

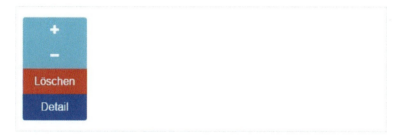

Abbildung: Vertikale Werkzeugleiste mit Schaltflächen

Allgemeine Optionen

Einige Effekte lassen sich auf Werkzeugleisten allgemein anwenden. Die bisher mögliche Ausdehnung auf die gesamten Breite (.-justified*-Optionen) besteht nicht mehr.

Um innerhalb einer Seite navigieren zu können, wird meist ein <a>-Tag benutzt, das lediglich wie eine Schaltfläche formatiert wird. Wichtig ist es hier, einen semantischen Hinweis zu belassen und das Attribut role="button" zu benutzen.

```
1   <div class="btn-group"
2       role="group" aria-label="...">
3    <a class="btn btn-primary" role="button" href="#">Back</a>
4    <a class="btn btn-primary" role="button" href="#">2</a>
5    <a class="btn btn-primary" role="button" href="#">End</a>
6   </div>
```

7.3 Schaltfläche mit Menü (button group)

Jede Schaltfläche kann Auslöser eines Klappmenüs sein. Die Schaltfälche kann dazu in Einem oder zweigeteilt erscheinen.

Einfache Schaltfläche mit Menü

Die Anordnung muss in einer *.btn-group*-Klasse stehen. Die Funktion benötigt JavaScript. Wenn nicht die gesamte Bibliothek, sondern nur ein Teil benutzt wird, ist das *DropDown-Plugin* erforderlich.

Listing: Werkzeugleiste mit Klappmenü (Toolbar_DropDown.html)

```
1   <div class="btn-toolbar" role="toolbar" aria-label="Toolbar">
2     <div class="btn-group" role="group">
3       <button type="button" class="btn btn-secondary">
4         File
5       </button>
6     </div>
7     <div class="btn-group" role="group">
8       <button type="button"
9               class="btn btn-secondary dropdown-toggle"
10              data-toggle="dropdown"
11              aria-haspopup="true" aria-expanded="false">
12        Action
13      </button>
14      <div class="dropdown-menu">
15        <a class="dropdown-item" href="#">Show</a>
16        <a class="dropdown-item" href="#">Move</a>
17        <a class="dropdown-item" href="#">Copy</a>
18        <div role="separator" class="dropdown-divider"></div>
```

```
19        <a class="dropdown-item" href="#">Delete</a>
20      </div>
21    </div>
22  </div>
```

Abbildung: Werkzeugleiste mit Klappmenü

Der Trigger für das JavaScript ist das Attribut `data-toggle="dropdown"` (Zeile 4). Das schwarze Dreieck, dass die Menüoption andeutet, wird mit der Klasse *.caret* erzeugt (Zeile 6).

Geteilte Schaltfläche mit Menü

Eine geteilte Schaltfläche (split button) entsteht einfach durch ein weiteres `<button>`-Element. Üblicherweise löst eine solche Schaltfläche eine Standardoption aus der Liste der Optionen aus, die das Menü anbietet.

Listing: Werkzeugleiste mit geteilter Schaltfläche (Toolbar_Split.html)

```
1  <div class="btn-toolbar" role="toolbar" aria-label="Toolbar">
2    <div class="btn-group">
3      <button type="button" class="btn btn-danger">
4        Standard
5      </button>
6      <button type="button"
7              class="btn btn-danger dropdown-toggle"
8              data-toggle="dropdown"
9              aria-haspopup="true" aria-expanded="false">
10       <span class=fa fa-caret-down></span>
11       <span class="sr-only">Open Menu</span>
12     </button>
13     <div class="dropdown-menu">
14       <a class="dropdown-item" href="#">Standard</a>
15       <a class="dropdown-item" href="#">More</a>
16       <a class="dropdown-item" href="#">Even more</a>
17       <div role="separator" class="dropdown-divider"></div>
18       <a class="dropdown-item" href="#">Others</a>
19     </div>
20   </div>
21 </div>
```

Abbildung: Werkzeugleiste mit geteilter Schaltfläche

Größen von Menüschaltflächen

Grundsätzlich sind Menüs mit Schaltfächen jeder Größe einsetzbar. Das Menü passt sich den Stilen *btn-lg* und *btn-sm*. *btn-md* ist der

Standard und muss nicht angegeben werden.

Listing: Menügrößen (Toolbar_Size.html)

```
1    <div class="btn-group">
2      <button class="btn btn-secondary btn-lg dropdown-toggle"
3              type="button" data-toggle="dropdown"
4              aria-haspopup="true" aria-expanded="false">
5        Huge <span class=fa fa-caret-down></span>
6      </button>
7      <div class="dropdown-menu">
8        ...
9      </div>
10   </div>
11
12   <div class="btn-group">
13     <button class="btn btn-secondary dropdown-toggle"
14             type="button" data-toggle="dropdown"
15             aria-haspopup="true" aria-expanded="false">
16       Normal <span class=fa fa-caret-down></span>
17     </button>
18     <div class="dropdown-menu">
19       ...
20     </div>
21   </div>
22
23   <div class="btn-group">
24     <button class="btn btn-secondary btn-sm dropdown-toggle"
25             type="button" data-toggle="dropdown"
26             aria-haspopup="true" aria-expanded="false">
27       Small <span class=fa fa-caret-down></span>
28     </button>
29     <div class="dropdown-menu">
30       ...
31     </div>
32   </div>
```

Beachten Sie hier, dass sich die Angaben verglichen mit Bootstrap 3 geändert haben. Der Stil *.btn-xs* wird nicht mehr unterstützt. Die kleinste Form ist "sm".

Abbildung: Menügrößen

Spezielle Menüvarianten

Mit Hilfe der Klasse *.dropup* kann das Menü nach oben ausklappen.

```
1   <div class="btn-group dropup">
2     <button type="button" class="btn btn-secondary">
3       Fold Up
4     </button>
5     <button type="button"
6             class="btn btn-default dropdown-toggle"
7             data-toggle="dropdown"
8             aria-haspopup="true" aria-expanded="false">
9       <span class="caret"></span>
10      <span class="sr-only">Fold Up</span>
11    </button>
12    <div class="dropdown-menu">
13      <!-- Hier stehen Menüelemente -->
14    </div>
15  </div>
```

7.4 Navigation (nav, navbar)

Die Navigationselemente werden alle durch eine gemeinsame Basisklasse *.nav* eingeleitet. Wenn mittels Tabulatoren navigiert wird,
ist JavaScript erforderlich. Für die Unterstützung des barrierefreien
Zugangs sollte das Attribut role="navigation" auf dem logisch
darüberliegenden Container eingesetzt werden. Dies gibt der Navigation die nötige semantische Bedeutung. Wichtig dabei ist es, dies
nicht auf dem <ul>-Element zu tun, sondern auf dem umschließenden <nav> oder <div>.

Grundsätzlich sollte bei der Navigation zwischen Inhaltsnavigation und Aktionsnavigation unterschieden werden. Inhalte lassen sich über Links, Schaltflächen oder auch Tabulatoren erreichen. Aktionsnavigation findet dagegen über Schaltflächen, Menüs, Werkzeugleisten, Menübänder usw. statt. Formulare zählen dabei zum Inhalt. Nur die Schaltfläche zum Absenden ist beispielsweise eine Aktion.

Tabulatoren (tabs)

Tabulatoren sind ideal, um mehrere Formulare logisch zu trennen oder ein großes Formular in handhabbare Bereiche zu zerlegen.

Listing: Tabulatoren (Nav_tab.html)

```
1   <ul class="nav nav-tabs">
2     <li class="nav-item" role="presentation">
3       <a data-toggle="tab"
4          class="nav-link active"
5          href="#">Start</a>
6     </li>
7     <li class="nav-item" role="presentation">
8       <a data-toggle="tab"
9          class="nav-link"
10         href="#">Profile</a>
11    </li>
12    <li class="nav-item" role="presentation">
13      <a data-toggle="tab"
14         class="nav-link"
15         href="#">News</a>
16    </li>
17  </ul>
```

Beachten Sie hier die Positionierung der Klassen *.nav-item* und *.nav-link*.

Abbildung: Tabulatoren

Für eine vollständige Funktion ist JavaScript erforderlich. Bootstrap bringt den Code mit. Die Aktivierung erfolgt über das Attribut `data-toggle="tab"`. Tabs, die mit eigenem Code aktiviert werden sollen, tragen dieses Attribut nicht.

Navigationsschaltflächen (pills)

Mit *.nav-pills* – und ansonsten mit den Tabulatoren identischem Aufbau – erreichen Sie ein mehr schaltflächenartiges Design:

Listing: Navigationsschaltflächen (Nav_Pills.html)

```
1  <ul class="nav nav-pills">
2    <li role="presentation" class="nav-item">
3      <a href="#" class="nav-link active" data-toggle="pill">
4      Start
5      </a>
6    </li>
7    <li role="presentation" class="nav-item">
8      <a class="nav-link" data-toggle="pill" href="#">
9      Profil
10     </a>
11   </li>
12   <li role="presentation" class="nav-item">
13     <a class="nav-link" data-toggle="pill" href="#">
14     Nachrichten
15     </a>
16   </li>
17 </ul>
```

Beachten Sie hier die Positionierung der Klassen *.nav-item* und *.nav-link*.

Abbildung: Navigationsschaltflächen (pills)

Diese "Pillen" (pills) genannten Elemente können auch vertikal angeordnet werden. Dazu wird zusätzlich *.nav-stacked* benutzt:

```
1   <ul class="nav nav-pills nav-stacked">
2     ...
3   </ul>
```

Für eine vollständige Funktion ist JavaScript erforderlich. Bootstrap bringt den Code mit. Die Aktivierung erfolgt über das Attribut `data-toggle="pill"`. Tabs, die mit eigenem Code aktiviert werden sollen, tragen dieses Attribut nicht.

Universelle Einstellungen

Universelle Einstellungen wirken auf alle Navigationselemente. Dies betrifft:

- Ausrichtung
- Deaktivierung
- Klappmenüs

Ausrichtung

Alle Elemente, die horizontal angeordnet werden können, leiden in der Ansicht, wenn sich der Inhalt drastisch unterscheidet. Es fühlt sich natürlicher an, wenn die Elemente den Platz voll nutzen. Um die Entscheidung zu erleichtern, greift die gleichbreite Darstellung erst ab 768px Bildschirmbreite. Die Elemente werden gleichmäßig über den gesamten Bildschirm verteilt, ähnlich wie beim Blocksatz. Der Effekt lässt sich mit *.nav-justified* erreichen. Auf kleineren Bildschirmen werden die Elemente wieder linksbündig angeordnet.

```
1  <ul class="nav nav-tabs nav-justified">
2    ...
3  </ul>
4  <ul class="nav nav-pills nav-justified">
5    ...
6  </ul>
```

Deaktivierung

Es kann vorkommen, dass der betreffende Inhaltsteil oder das
Formular nicht erreichbar sein sollen. Das Element wird in diesem
Fall deaktiviert. Es wird dann grau dargestellt und reagiert nicht auf
die Maus oder Touch-Aktionen.

Listing: Deaktivierte Navigationsschaltflächen (Nav_Pills_Deaktiviert.html)

```
1  <ul class="nav nav-pills">
2    ...
3    <li role="presentation" class="nav-item">
4      <a class="nav-link disabled" href="#">Deaktivierter Link</a>
5    </li>
6    ...
7  </ul>
```

Abbildung: Deaktivierte Navigationsschaltflächen

Erweiterung durch Klappmenüs

Tabulatoren lassen sich um Klappmenüs erweitern. Dies sollten Sie
sich freilich gut überlegen, weil es die Benutzung komplizierter
macht und keine sehr typische Position für ein Menü ist. Es kann
passieren, dass Benutzer dies nicht erkennen.

Listing: Navigationsschaltflächen mit Menü (Nav_Tab_Menu.html)

```
1   <ul class="nav nav-tabs">
2     <li role="presentation" class="nav-item">
3       <a class="nav-link active" href="#"
4          data-toggle="tab">Dateien
5       </a>
6     </li>
7     <li role="presentation" class="nav-item dropdown">
8       <a class="nav-link dropdown-toggle"
9          data-toggle="dropdown"
10         href="#" role="button"
11         aria-haspopup="true"
12         aria-expanded="false">
13        Quickmenü <span class="caret"></span>
14       </a>
15       <div class="dropdown-menu">
16         <a class="dropdown-item" href="#">Laden</a>
17         <a class="dropdown-item" href="#">Entladen</a>
18       </div>
19     </li>
20     <li role="presentation" class="nav-item">
21       <a class="nav-link" href="#" data-toggle="tab">Backup</a>
22     </li>
23   </ul>
```

Abbildung: Navigationsschaltflächen mit Menü

Überdies ist das Klappmenü entweder mittels data-toggle="dropdown" klappbar oder es kann mit data-toggle="tab" ausgewählt werden. Es hat also entweder das Verhalten eines Tabulators oder das eines Menüs, nicht aber beides gleichzeitig. Ein Klappmenü ohne Menüfunktion ist freilich sinnlos. So bleibt als einzige Option das

Menü als Teil der Tabulatoren ohne Tabulatorfunktion – eine eher selten benötige Kombination.

Pillen können dies natürlich ebenso und verhalten sich identisch:

```
1   <ul class="nav nav-pills">
2     ...
3     <li role="presentation" class="nav-item dropdown">
4       <a class="nav-linkdropdown-toggle"
5          data-toggle="dropdown" href="#"
6          role="button"
7          aria-haspopup="true" aria-expanded="false">
8          Dropdown <span class="caret"></span>
9       </a>
10      <div class="dropdown-menu">
11         ...
12      </div>
13    </li>
14    ...
15  </ul>
```

Navigationsleiste (navbar)

Die Navigationsleiste (navbar) ist ein stark responsives Element. Normalerweise beginnt eine Seite, die komplexere Inhalte hat, mit einer Menüleiste oben. Wenn die Breite zu gering ist, laufen die Elemente rechts raus. Hier greift der Ansatz von Bootstrap, die Navigationsleiste komplett umzubauen. Dazu werden die Elemente nun vertikal angeordnet und der Nutzer kann auch diese Ansicht in der Breite verringern, damit das Menü nicht die gesamte Seite überdeckt.

Was dabei nicht sofort lösbar ist, ist die Breite der Inhalte. Ohne Eingriff werden Überschriften auf den Navigationselementen, die nicht drauf passen, in eine weitere Zeile umgebrochen. Dadurch vergrößert sich das Menü und kann unten aus dem Bild herauslaufen. Wegen der Komplexität und des starken Eingriffs in das Design der Seite ist hier eine manuelle Nachbesserung sinnvoll – Bootstrap

liefert lediglich einen Rahmen. Mögliche zusätzliche Maßnahmen
sind:

- Verringern der Anzahl der Elemente – muss wirklich alles aus
  der ersten Seite heraus erreichbar sein?
- Je nach Bildschirmbreite werden Elemente dynamisch ausgeblendet – vielleicht sind einige Funktionen bei einem kleinen
  Bildschirm nicht sinnvoll?
- Passen Sie die Menüs gezielter an alle Bildschirme an, gegebenenfalls durch eigene Media-Bereiche.

Das Zusammenbrechen des breiten Menüs auf ein schmales (collapse) erfordert JavaScript und – falls nicht alle Komponenten geladen
werden – das Collapse-Plugin. Der Wechsel zwischen schmal und
breit liegt standardmäßig bei 768 Pixeln.

Für den barrierefreien Zugang sollten wieder die passenden Attribute benutzt werden, insbesondere `role="navigation"`.

Listing: Navigationsschaltflächen mit Menü (Nav_Navbar.html)

```
 1  <nav class="navbar navbar-dark bg-primary">
 2    <div class="container-fluid">
 3      <!-- Brand and toggle get grouped for better mobile display -->
 4      <div class="navbar-header">
 5        <button type="button" class="navbar-toggler hidden-sm-up"
 6                data-toggle="collapse"
 7                data-target="#n1"
 8                aria-expanded="false">
 9          <span class="sr-only">Logo</span>
10          ⬚
11        </button>
12        <a class="navbar-brand" href="#">Logo</a>
13      </div>
14      <div class="collapse navbar-toggleable-xs" id="n1">
15        <ul class="nav navbar-nav">
16          <li class="nav-item active">
17            <a class="nav-link" href="#">
18              File
```

```
19              <span class="sr-only">File</span>
20          </a>
21      </li>
22      <li class="nav-item dropdown">
23        <a href="#" class="nav-link dropdown-toggle"
24            data-toggle="dropdown"
25            role="button"
26            aria-haspopup="true" aria-expanded="false">
27          Functions <span class=fa fa-caret-down></span>
28        </a>
29        <div class="dropdown-menu">
30          <a class="dropdown-item" href="#">Copy</a>
31          <a class="dropdown-item" href="#">Move</a>
32          <a class="dropdown-item" href="#">Show</a>
33          <div role="separator" class="dropdown-divider"></div>
34          <a class="dropdown-item" href="#">Delete</a>
35          <div role="separator" class="dropdown-divider"></div>
36          <a class="dropdown-item" href="#">Rename</a>
37        </div>
38      </li>
39    </ul>
40    <form class="form-inline navbar-form navbar-left" role="search\
41 ">
42      <div class="form-group">
43        <input type="text" class="form-control"
44            placeholder="Search for">
45      </div>
46      <button type="submit" class="btn btn-secondary">Search</butt\
47 on>
48    </form>
49    </div>
50  </div>
51 </nav>
```

Die Navigationsleiste wird mit einem Logo oder Symbol eingeleitet.
An dieser Stelle kann Text oder ein Bild erscheinen.

Abbildung: Navigationsleiste (Volle Breite)

Abbildung: Navigationsleiste bei kleinem Bildschirm

Neu in Bootstrap 4 sind bei der Navigationsleiste die Farben:

- *.navbar-dark*
- *.navbar-light*

Diese Klassen bestimmen die Vordergrundfarbe. Damit das funktioniert, muss zusätzlich noch eine passende Hintergrundfarbe gewählt werden, beispielsweise *.bg-primary*.

Formularelemente

Navigationsleisten offerieren manchmal Aktionen, die kein eigenes Formular rechtfertigen. Vor allem Suchfunktionen sind häufig zu finden, aber auch Kontrollkästchen. Mit *.navbar-form* werden die

passenden Abstände konfiguriert. Innerhalb des Navigationsele-
ments kann das Formularelement dann noch ausgerichtet werden.

```
1   <form class="navbar-form navbar-left" role="search">
2     <div class="form-group">
3       <input type="text"
4               class="form-control"
5               placeholder="Suchwort" />
6     </div>
7     <button type="submit" class="btn btn-secondary">
8       Search
9     </button>
10  </form>
```

Bei kleinen Bildschirmen können Formularelemente selten optimal
platziert werden. Ziehen Sie hier separate Formulare in Erwägung
und versuchen Sie die Anordnung weiter zu vereinfachen.

Für den barrierefreien Zugang sind weiterhin Label einzusetzen,
auch wenn kein Platz in der Navigationsleiste ist. In solchen Fällen
kommt wieder *.sr-only* zum Einsatz, am besten in Kombination mit
`aria-label` und `aria-labelledby` bzw. dem `title`-Attribut.

Schaltflächen, Hyperlinks und Text

Reguläre Schaltflächen sind wegen der vielfältigen Gestaltbarkeit
sinnvoll, um exklusive Aktionen auszulösen. Dazu wird die Klasse
.navbar-btn in <button>-Elementen benutzt, wobei <a> und <in-
put> ebenso nutzbar sind.

```
1   <button type="button" class="btn btn-default navbar-btn">
2     Log On
3   </button>
```

Mit *.navbar-link* lassen sich Hyperlinks benutzen, die Sonderauf-
gaben erfüllen, beispielsweise auf einen Anmeldezustand reagieren
und eine nur in diesem Fall nutzbare Seite aufrufen:

Listing: Anmelde-Link (Nav_NavbarLink.html)

```
1  <p class="navbar-text navbar-right">
2    Angemeldet als <a href="#" class="navbar-link">
3    Jörg Krause</a>
4  </p>
```

Angemeldet als Jörg Krause

Abbildung: Anmelde-Link

Dieses Element erscheint primär als Text. Reiner Text, also Inhalte ohne Aktionen, nutzt die Klasse *.navbar-text*. Das Element ‹p› unterstützt die Übernahme der richtigen Farben:

```
1  <p class="navbar-text">Angemeldet als Jörg Krause</p>
```

Die Ausrichtung der Elemente kann mit *.navbar-left* oder *.navbar-right* erfolgen. Da die Elemente üblicherweise aus ‹li› bestehen, erfolgt die einheitliche Ausrichtung auf dem umliegenden ‹ul›.

Platzierung der Leiste

Eine fast schon esoterische Diskussion entsteht über der Frage, ob die Leiste oben ständig sichtbar bleibt oder nicht. Einerseits wird wertvoller Platz dauerhaft belegt, andererseits soll der Benutzer nicht zu langen Scrollaktionen gezwungen werden. Inzwischen lösen einige Designer dieses Dilemma durch zwei Navigationsleisten. Zuerst sieht der Besucher eine große und aufwändig gebaute, die am Seitenanfang steht. Scrollt er dann nach unten, wird diese Leiste durch eine sehr schmale, feine und einfache Leiste ersetzt. Dadurch ist der Platzverbrauch minimal und die Navigation ist trotzdem gewährleistet. In jedem Fall muss die Leiste am oberen Rand fixiert werden:

```
1  <nav class="navbar navbar-default navbar-fixed-top">
2    <div class="container">
3      ...
4    </div>
5  </nav>
```

Die Leiste verbraucht Platz am Anfang der Seite, obwohl die Definition meist weit tiefer steht. Damit Inhalte nicht ungewollt überlagert werden, müssen Sie ggf. der Seite insgesamt einen oberen Abstand mitgeben:

`body { padding-top: 70px; }`

 Standardnavigationsleiste

Die Standardnavigationsleiste (wenn kein Theme benutzt wird) ist 50 Pixel (50px) hoch.

```
1  <nav class="navbar navbar-default navbar-fixed-bottom">
2    <div class="container">
3      ...
4    </div>
5  </nav>
```

Eine statische Leiste steht auch am Anfang der Seite, scrollt aber nach oben weg. Mit *navbar-static-top* wird dieser Effekt erzielt. Eine Korrektur des Abstands des Inhalts ist hier nicht notwendig.

```
1  <nav class="navbar navbar-default navbar-static-top">
2    <div class="container">
3      ...
4    </div>
5  </nav>
```

Eine Umkehrung der Standardfarben wird mit *navbar-inverse* erreicht. Sie können diesen Effekt mit allen anderen Optionen kombinieren.

```
1  <nav class="navbar navbar-inverse">
2    ...
3  </nav>
```

7.5 Pfadnavigation (breadcrumb)

Komplexe Navigationen sind für Besucher der Seite häufig verwirrend. Die Frage ist immer wieder: "Wo bin ich?" Dazu dient die Pfadnavigation, die den Pfad durch die Navigationshierarchie abbildet. Die Komponente heißt im englischen "breadcrumb" (Brotkrumen, im Sinne von Krümelspur). Das Wort ist aber auch im englischen Sprachraum nicht jedem ein Begriff (es soll dort auch Menschen geben, die nichts mit Computern zu tun haben). Das Wort "Pfadnavigation" ist eindeutiger und treffender.

Listing: Pfadnavigation (Nav_Breadcrumb.html)

```
1  <ol class="breadcrumb">
2    <li><a href="#">Home</a></li>
3    <li><a href="#">Library</a></li>
4    <li class="active">Data</li>
5  </ol>
```

Home / Library / Data

Abbildung: Pfadnavigation

Idealerweise zeigt der Pfad nicht nur an, sondern erlaubt auch die Navigation. Deshalb werden vorzugsweise Hyperlinks benutzt. Das aktive Element (Klasse *.active*) ist deaktiviert – denn an dieser Stelle befindet sich der Benutzer bereits.

7.6 Seitenweises Blättern (pagination)

Auch das seitenweise Blättern gehört zur Gruppe der Navigationselemente. Meist tritt es im Zusammenhang mit Datentabellen auf.
Aber auch mehrseitige Inhaltsseiten können durchblättert werden.

Seitenanzeige

Ein typischer Aufbau bei wenigen Seiten oder halbwegs konstanter
Anzahl sieht folgendermaßen aus:

« 1 2 3 4 5 »

Folgender Code produziert dies:

Listing: Seitenweises Blättern (Nav_Pagination.html)

```
1   <nav>
2     <ul class="pagination">
3       <li class="page-item">
4         <a href="#" aria-label="Previous">
5           <span aria-hidden="true">&laquo;</span>
6         </a>
7       </li>
8       <li class="page-item"><a href="#">1</a></li>
9       <li class="page-item"><a href="#">2</a></li>
10      <li class="page-item"><a href="#">3</a></li>
11      <li class="page-item"><a href="#">4</a></li>
12      <li class="page-item"><a href="#">5</a></li>
13      <li class="page-item">
14        <a href="#" aria-label="Next">
15          <span aria-hidden="true">&raquo;</span>
16        </a>
17      </li>
18    </ul>
19  </nav>
```

Abbildung: Seitenweises Blättern

Unbestimmte Seitenzahl

Ist die Seitenzahl unbestimmt, reicht manchmal auch ein einfaches
vor und zurück.

```
Zurück Weiter
```

```
1  <nav>
2    <ul class="pagination">
3      <li class="page-item"><a href="#">Zurück</a></li>
4      <li class="page-item"><a href="#">Weiter</a></li>
5    </ul>
6  </nav>
```

Das ist noch plakativer, wenn es mit Symbolen oder – wie hier –
mit Entitäten ergänzt wird:

```
<- Älter Neuer ->
```

```
1   <nav>
2     <ul class="pagination">
3     <li class="page-item prev">
4       <a href="#">
5       <span aria-hidden="true">&larr;</span> Older
6       </a>
7     </li>
8     <li class="page-item next">
9       <a href="#">Newer <span aria-hidden="true">&rarr;</span></a>
10    </li>
11    </ul>
12  </nav>
```

Sind einzelne Seiten inaktiv, beispielsweise um die aktuell gewählte anzuzeigen, wird *.disabled* bzw. *.active* benutzt.

Folgender Code zeigt wie es geht (die Ausgabe "current" ist nur für Screenreader):

```
1  <nav>
2    <ul class="pagination">
3      <li class="page-item disabled">
4        <a href="#" aria-label="Vorheriger">
5          <span aria-hidden="true">&laquo;</span>
6        </a>
7      </li>
8      <li class="page-item active">
9        <a href="#">1
10         <span class="sr-only">(Aktueller)</span>
11       </a>
12     </li>
13     ...
14   </ul>
15 </nav>
```

Das Abschalten nicht wählbarer Optionen kann auch für die Pfeile erfolgen:

Listing: Einfaches Blättern (Nav_PaginationON.html)

```
1  <nav>
2    <ul class="pagination">
3      <li class="page-item disabled">
4        <span>
5          <span aria-hidden="true">&laquo;</span>
6        </span>
7      </li>
8      <li class="page-item active">
9        <span>1
10         <span class="sr-only">(Aktueller)</span>
11       </span>
12     </li>
13     ...
14   </ul>
15 </nav>
```

```
1   <nav>
2     <ul class="pagination">
3       <li class="page-item prev disabled"><a href="#">
4           <span aria-hidden="true">&larr;</span> Älter</a>
5       </li>
6       <li class="page-item next">
7           <a href="#">Neuer
8             <span aria-hidden="true">&rarr;</span>
9           </a>
10      </li>
11    </ul>
12  </nav>
```

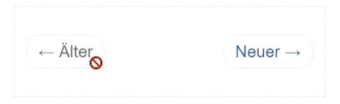

Abbildung: Blätterschaltflächen mit partieller Deaktivierung

Größe

Die Standardgröße lässt sich in einer Stufe vergrößern (*.pagination-lg*) oder verkleinern (*.pagination-sm*):

```
1   <nav><ul class="pagination pagination-lg">...</ul></nav>
2   <nav><ul class="pagination">...</ul></nav>
3   <nav><ul class="pagination pagination-sm">...</ul></nav>
```

7.7 Kennzeichnungen (tags)

Kennzeichnungen dienen der Hervorhebung im Text. Sie erfüllen nie eine interaktive Funktion.

```
1   <h3>Beispiel <span class="label label-default">Neu</span></h3>
```

Das Erscheinungsbild kann in sechs Stufen angepasst werden (mit der üblichen semantischen Ausrichtung – die Farben sind kein Gestaltungselement):

- *tag-default*: Standard, grau
- *tag-primary*: Primäre Aussage, blau
- *tag-success*: Erfolgsmeldung, grün
- *tag-info*: Information, violet
- *tag-warning*: Warnung, orange
- *tag-danger*: Gefahr oder Fehler, rot

Listing: Kennzeichnungen (Label.html)

```
1   <span class="tag tag-default">Default</span>
2   <span class="tag tag-primary">Primary</span>
3   <span class="tag tag-success">Success</span>
4   <span class="tag tag-info">Info</span>
5   <span class="tag tag-warning">Warning</span>
6   <span class="tag tag-danger">Danger</span>
```

Abbildung: Kennzeichnungen

Kennzeichnungsplaketten (tag-pills)

Kennzeichnungsplaketten sind weniger inflationär zu nutzen als Kennzeichnungen, exklusiver und plakativer. Sie fallen durch runde Ecken stärker aus dem Gesamtbild heraus. Bei der Platzierung auf Schaltflächen sind die Hintergründe transparent, weshalb die runden Ecken nicht mehr sichtbar sind.

Neu in Bootstrap 4

Diese Form der Darstellung ist neu in Bootstrap 4. Dafür entfällt die Klasse *badge*. Badges hatten ein ähnliches grafisches Konzept, waren den Kennzeichnungen (Tags, vormals Label) jedoch ohnehin sehr ähnlich. Die Änderung vereinfacht den Umgang mit Kennzeichnungen.

Listing: Plaketten (LabelPillsAnchor.html)

```
1  <a href="#">Inbox <span class="tag tag-pill bg-danger">42</span></a>
2
3  <button class="btn btn-primary" type="button">
4    <span class="tag tag-pill">4</span> Nachrichten
5  </button>
```

Inbox 42 ◂ Nachrichten

Abbildung: Plaketten

Der Einsatz ist meist im Zusammenhang mit sich häufig ändernden Daten zu finden. Der Blick des Benutzers soll gezielt eingefangen werden. Da sich hinter der Präsentation von Daten oft mögliche Aktionen verbergen, ist es sinnvoll die Plaketten in Navigationselemente einzubetten. Zeigen Sie beispielsweise die Anzahl der neuen Nachrichten an und der Benutzer kann dann durch Klick auf das Element zur Nachrichtenseite gelangen.

Listing: Plaketten in der Navigation (LabelPills.html)

```
1   <ul class="nav nav-pills" role="tablist">
2     <li role="presentation" class="active">
3       <a href="#" data-toggle="pill"
4                   class="btn btn-sm btn-primary">
5         Start
6         <span class="tag tag-pill">42</span>
7       </a>
8     </li>
9     <li role="presentation">
10      <a href="#" data-toggle="pill"
11                  class="btn btn-sm btn-danger">Profile</a>
12    </li>
13    <li role="presentation">
14      <a href="#" data-toggle="pill"
15                  class="btn btn-sm btn-info">
16        <span class="tag tag-pill">3</span> Messages
17      </a>
18    </li>
19  </ul>
```

Abbildung: Plaketten in der Navigation

ⓘ   Plaketten können, da der Inhalt variabel ist, manch-
     mal leer sein. In solchen Fällen werden sie unsichtbar.

7.8 Großbildleinwand (jumbotron)

Das Jumbotron ist eine große, plakative Fläche mit runden Ecken,
meist nur auf der Startseite, mit der ein Slogan, Sprüche oder ein
Produkt exklusiv präsentiert wird.

Listing: Einleitung einer Seite (Jumbotron.html)

```
 1  <div class="jumbotron">
 2    <h1>Hallo Bootstrap!</h1>
 3    <p>...</p>
 4    <p>
 5      <a class="btn btn-primary btn-lg"
 6         href="#" role="button">
 7        Mehr dazu...
 8      </a>
 9    </p>
10  </div>
```

Abbildung: Einleitung einer Seite

Normalerweise ist das Element im Container und damit hat es einen seitlichen Abstand. Soll das nicht so sein, kann der Container auch innen platziert werden. Die runden Ecken verschwinden dann ebenfalls:

```
1  <div class="jumbotron">
2    <div class="container">
3      ...
4    </div>
5  </div>
```

Abbildung: Variante

7.9 Seitenüberschriften (page header)

Seitenüberschriften trennen Abschnitte und fallen etwas umfassender aus als die typografischen Überschriften alleine.

Listing: Überschriften mit Trennlinie (PageHeader.html)

```
1  <div class="page-header">
2    <h1>Example page header
3      <small>Subtext for header</small>
4    </h1>
5  </div>
```

Unser AGB Änderungen

Mehr Text...

Abbildung: Überschriften mit Trennlinie

7.10 Meldungen (alert)

Meldungen liefern Informationen in einem bestimmten Kontext. Es gibt insgesamt vier Varianten:

- *alert-success*: Erfolgsmeldung, grün
- *alert-info*: Information, violett
- *alert-warning*: Warnung, orange
- *alert-danger*: Fehler, rot

Hier fehlen die primäre und Standardvariante. Diese sind bei Meldungen nicht sinnvoll, denn Meldungen sollen ausdrücklich einen besonderen Zustand unterstreichen.

Listing: Meldungen ausgeben (Alerts.html)

```
1  <div class="alert alert-success" role="alert">...</div>
2  <div class="alert alert-info" role="alert">...</div>
3  <div class="alert alert-warning" role="alert">...</div>
4  <div class="alert alert-danger" role="alert">...</div>
```

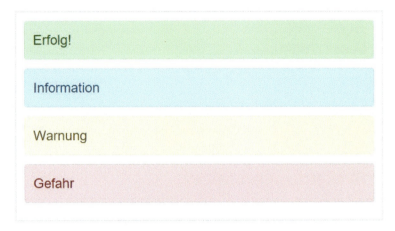

Abbildung: Meldungen ausgeben

Da Meldungen sich oft ungefragt zeigen, sollten Sie diese schließbar machen. Dazu dient die Klasse *.alert-dismissible* und eine Schaltfläche oder ein Symbol zum Schließen. Zur Benutzung ist JavaScript erforderlich. Das Script reagiert auf das Attribut `data-dismiss="alert"`.

Listing: Meldungen schließbar machen (Alerts_Dismiss.html)

```
1  <div class="alert alert-warning alert-dismissible"
2      role="alert">
3    <button type="button" class="close"
4            data-dismiss="alert" aria-label="Close">
5      <span aria-hidden="true">&times;</span>
6    </button>
7    <strong>Achtung!</strong> Bitte überprüfen Sie die Angaben.
8  </div>
```

> **Achtung!** Bitte überprüfen Sie die Angaben.

Abbildung: Meldungen schließbar machen

Meldungen können so komplex sein, dass der Benutzer zu weiterführenden Informationen geleitet wird. Werden dazu Hyperlinks
eingesetzt, erfolgt dies mit der Klasse *.alert-link*.

Listing: Meldungen mit weiterführendem Link (Alerts_Link.html)

```
1   <div class="alert alert-success" role="alert">
2     <a href="#" class="alert-link">...</a>
3   </div>
4   <div class="alert alert-info" role="alert">
5     <a href="#" class="alert-link">...</a>
6   </div>
7   <div class="alert alert-warning" role="alert">
8     <a href="#" class="alert-link">...</a>
9   </div>
10  <div class="alert alert-danger" role="alert">
11    <a href="#" class="alert-link">...</a>
12  </div>
```

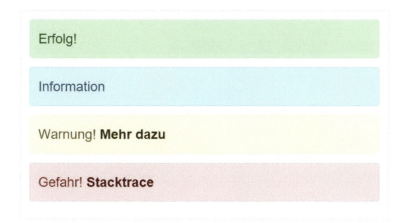

Abbildung: Meldungen mit weiterführendem Link

7.11 Fortschrittsbalken (progress)

Länger laufenden Aktionen profitieren durch Fortschrittsbalken.
Die von Bootstrap benutzte Implementierung ist ein rein gestalteri-

sches Element, das für eine sinnvolle Anzeige mit JavaScript ergänzt werden muss. Außerdem werden keine Browser unterstützt, die CSS3 nicht vollständig abbilden. Ab Bootstrap 4 kann das native HTML 5-Element `<progress>` benutzt werden.

Listing: Passiver Fortschrittsbalken (Progress.html)

```
1   <progress class="progress"
2             aria-valuenow="60"
3             aria-valuemin="0"
4             aria-valuemax="100"
5             value="60"
6             max="100">
7   </progress>
```

Beachten Sie, dass die eigentliche Breite der aktiven Zone mit einem `width`-Stil (Zeile 6) erzeugt wird. Dieser Wert muss manipuliert werden.

Abbildung: Passiver Fortschrittsbalken

 In Bootstrap 3 wurde die Beschriftung in einem `<div>`-Element platziert, da das `<progress>`-Element noch nicht unterstützt wurde. Diese Möglichkeit besteht noch, sie wird jedoch durch die standardkonforme Version gut ergänzt. Die Benutzung ist nun zwar standardkonform, aber auch weniger flexibel.

Der Fortschritt kann nicht nur eine Position, sondern auch einen Kontext anzeigen. Dazu dienen folgende semantisch belegte Klassen:

- *progress-bar-success*: Erfolg, grün

- *progress-bar-info*: Information, violett
- *progress-bar-warning*: Warnung, orange
- *progress-bar-danger*: Gefahr oder Kritisch, rot

Listing: Semantische Fortschrittsbalken (Progress_Semantic.html)

```
1   <progress class="progress progress-success"
2             role="progressbar"
3             aria-valuenow="40"
4             aria-valuemin="0"
5             aria-valuemax="100"
6             value="40" max="100">
7     <span class="sr-only">40% Complete (success)</span>
8   </progress>
9   <progress class="progress progress-info"
10            role="progressbar"
11            aria-valuenow="20"
12            aria-valuemin="0"
13            aria-valuemax="100"
14            value="20" max="100">
15    <span class="sr-only">20% Complete</span>
16  </progress>
17  <progress class="progress progress-warning"
18            role="progressbar"
19            aria-valuenow="60"
20            aria-valuemin="0"
21            aria-valuemax="100"
22            value="60" max="100">
23    <span class="sr-only">60% Complete (warning)</span>
24  </progress>
25  <progress class="progress progress-danger"
26            role="progressbar"
27            aria-valuenow="80"
28            aria-valuemin="0"
29            aria-valuemax="100"
30            value="80" max="100">
31    <span class="sr-only">80% Complete (danger)</span>
32  </progress>
```

Abbildung: Semantische Fortschrittsbalken

Ein netter Effekt sind schräg laufende Streifen, die den Animationseffekt unterstreichen. Das lohnt sich bei sehr langsam laufenden Fortschrittsbalken und auch bei solchen, deren Wert eher unspezifisch ist.

Listing: Semantisch mit Streifen (Progress_Semantic_Striped.html)

```
1   <progress class="progress progress-success progress-striped"
2           role="progressbar"
3           aria-valuenow="40"
4           aria-valuemin="0"
5           aria-valuemax="100"
6           value="40" max="100">
7     <span class="sr-only">40% Complete (success)</span>
8   </progress>
9   <progress class="progress progress-info progress-striped"
10          role="progressbar"
11          aria-valuenow="20"
12          aria-valuemin="0"
13          aria-valuemax="100"
14          value="20" max="100">
15    <span class="sr-only">20% Complete</span>
16  </progress>
17  <progress class="progress progress-warning progress-striped"
18          role="progressbar"
19          aria-valuenow="60"
20          aria-valuemin="0"
21          aria-valuemax="100"
22          value="60" max="100">
23    <span class="sr-only">60% Complete (warning)</span>
24  </progress>
25  <progress class="progress progress-danger progress-striped"
26          role="progressbar"
27          aria-valuenow="80"
```

```
28              aria-valuemin="0"
29              aria-valuemax="100"
30              value="80" max="100">
31    <span class="sr-only">80% Complete (danger)</span>
32  </progress>
```

Abbildung: Semantische Fortschrittsbalken mit Streifen

Mehr Animation ist mit *.active* erreichbar:

```
1  <progress class="progress progress-striped active"
2              role="progressbar"
3              aria-valuenow="80"
4              aria-valuemin="0"
5              aria-valuemax="100"
6              value="80" max="100">
7    <span class="sr-only">80% Complete (danger)</span>
8  </progress>
```

Abbildung: Interaktiver Fortschrittsbalken

Das Verhalten wird durch ein kleines Skript erzeugt:

```
1   $(function() {
2       var options = $('[name="inlineRadioOptions"]').length;
3       $(':checkbox').on('click', function () {
4       var active = $('[name="inlineRadioOptions"]:checked').length;
5       var value = Math.round(active / options * 100);
6           $('#progress-bar')
7           .attr('value', value)
8           .attr('aria-valuenow', value)
9       ;
10      });
11  });
```

Das Skript ermittelt die Anzahl der Optionen (Zeile 2). Dann wird bei jedem Klick auf ein Kontrollkästchen die Anzahl der aktiven Elemente ermittelt (Zeile 4). Aus dem dann berechneten Prozentwert wird die Anzeige und die Breite gesteuert.

 Mehrere Anzeigen in einem Balken visualisieren komplexere Gruppen von Werten. Diese etwas exotische Möglichkeit war mit Bootstrap 3 möglich, wird jedoch mit dem ‹progress›-Element in Bootstrap 4 jedoch nicht mehr angeboten. Entweder Sie nutzen hier weiter die Vorgehensweise aus Bootstrap 3 mit ‹/div›-Elementen und der Klasse .*progress-bar* oder verzichten besser auf nicht standardkonforme Gestaltungen.

7.12 Medien (media)

Medien sind Videos, Audiodateien oder vergleichbare Zusatzinformationen.

```
1   <div class="media">
2     <div class="media-left">
3       <a href="#">
4         <img class="media-object" src="..." alt="...">
5       </a>
6     </div>
7     <div class="media-body">
8       <h4 class="media-heading">Media heading</h4>
9       ...
10    </div>
11  </div>
```

Die Klassen *.media-left* und *.media-right* richten das Element auf der Seite aus. Sie müssen immer in einem Container mit *.media-body* platziert werden.

Ausrichtung

Sowohl Bilder als auch Media-Elemente lassen sich generell ausrichten.

```
1   <div class="media">
2     <div class="media-left media-middle">
3       <a href="#">
4         <img class="media-object" src="..." alt="...">
5       </a>
6     </div>
7     <div class="media-body">
8       <h4 class="media-heading">Middle aligned media</h4>
9       ...
10    </div>
11  </div>
```

Medienlisten

Um Medien in Listen anzuordnen, ist nur wenig zusätzliches HTML erforderlich.

```
1   <ul class="media-list">
2     <li class="media">
3       <div class="media-left">
4         <a href="#">
5           <img class="media-object" src="..." alt="...">
6         </a>
7       </div>
8       <div class="media-body">
9         <h4 class="media-heading">Media heading</h4>
10        ...
11      </div>
12    </li>
13  </ul>
```

7.13 Allgemeine Listen (list group)

Listen sind gruppierte Sammlungen von Elementen. Die Elemente
sind ungeordnet, ohne Führungszeichen und optisch verdichtet.

Listing: Listen zur Gruppierung (ListGroups.html)

```
1   <ul class="list-group">
2     <li class="list-group-item">These options</li>
3     <li class="list-group-item">here</li>
4     <li class="list-group-item">for all users</li>
5     <li class="list-group-item">this application</li>
6     <li class="list-group-item">generally available</li>
7   </ul>
```

Abbildung: Listen zur Gruppierung

Plaketten in Listen

Plaketten lassen sich in Listen an jeder Stelle im Fließtext der Listelemente platzieren.

Listing: Listen mit Plaketten (ListBadges.html)

```
1   <ul class="list-group">
2     <li class="list-group-item">
3       <span class="tag tag-primary">14</span>
4       Options
5     </li>
6     <li class="list-group-item">
7       <span class="tag tag-danger">7</span>
8       Applications
9     </li>
10  </ul>
```

Abbildung: Listen mit Plaketten

Links in Listen

Sie können auch Hyperlinks in Listen benutzen. Praktisch entstehen so sehr individuelle Menüs und der Code sieht einem Menü auch sehr ähnlich.

Listing: Listen mit Links (ListLinks.html)

```
1   <div class="list-group">
2     <a href="#" class="list-group-item active">
3       Diese Optionen
4     </a>
5     <a href="#" class="list-group-item">sind hier</a>
6     <a href="#" class="list-group-item">für alle Benutzer</a>
7     <a href="#" class="list-group-item">dieser Applikation</a>
8     <a href="#" class="list-group-item">allgemein verfügbar</a>
9   </div>
```

Die Darstellung sieht sehr ähnlich zu Schaltflächen aus – nur die Funktion entspricht einem Hyperlink. Seien Sie vorsichtig bei solche Darstellungen, da das Verhalten für den Benutzer nicht transparent ist.

Abbildung: Listen mit Links

Schaltflächen in Listen

Sie können Schaltflächen in Listen benutzen. Im Gegensatz zu normalen Schaltflächen basieren diese *nicht* auf der Klasse *.btn*.

Sie bilden einen Rahmen, sind jedoch nicht vollflächig gefärbt wie normale Schaltflächen.

Listing: Listen mit Schaltflächen (ListBtns.html)

```
1   <div class="list-group">
2     <button type="button"
3           class="list-group-item list-group-item-success">
4       Option A
5     </button>
6     <button type="button"
7           class="list-group-item list-group-item-danger">
8       Option B
9     </button>
10    <button type="button"
11          class="list-group-item list-group-item-info">
12      Option C
13    </button>
14  </div>
```

Abbildung: Listen mit Schaltflächen

Mit der Klasse *.disabled* zusammen mit *.list-group-item* erscheint der Inhalt deaktiviert.

```
1  <div class="list-group">
2    <a href="#" class="list-group-item disabled">
3      Diese Optionen
4    </a>
5    <a href="#" class="list-group-item">sind hier</a>
6    <a href="#" class="list-group-item">für alle Benutzer</a>
7    <a href="#" class="list-group-item">dieser Applikation</a>
8    <a href="#" class="list-group-item">allgemein verfügbar</a>
9  </div>
```

Den Listenelementen kann eine semantische Bedeutung gegeben werden:

- *list-group-item-success*: Erfolg, grün
- *list-group-item-info*: Information, violet
- *list-group-item-warning*: Warnung, orange
- *list-group-item-danger*: Gefahr, rot

Aktive Elemente lassen sich überdies mit *.active* hervorheben.

Listing: Semantische Listen mit und ohne Links (ListSemantics.html)

```
1  <ul class="list-group">
2    <li class="list-group-item list-group-item-success">
3      Erfolg
4    </li>
5    <li class="list-group-item list-group-item-info">
6      Info
7    </li>
8    <li class="list-group-item list-group-item-warning">
9      Warnung
10   </li>
11   <li class="list-group-item list-group-item-danger">
12     Gefahr
13   </li>
14 </ul>
15 <div class="list-group">
16   <a href="#"
17      class="list-group-item list-group-item-success">
```

```
18      Erfolg
19    </a>
20    <a href="#"
21       class="list-group-item list-group-item-info">
22      Info
23    </a>
24    <a href="#"
25       class="list-group-item list-group-item-warning">
26      Warnung
27    </a>
28    <a href="#"
29       class="list-group-item list-group-item-danger">
30      Gefahr
31    </a>
32  </div>
```

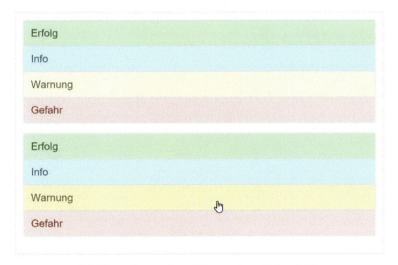

Abbildung: Semantische Listen mit und ohne Links

Die Listenelemente selbst sind sehr flexibel und können nahezu alle anderen Komponenten enthalten:

Listing: Listen mit Überschriften (ListHeader.html)

```
1  <div class="list-group">
2    <a href="#" class="list-group-item active">
3      <h4 class="list-group-item-heading">Titel</h4>
4      <p class="list-group-item-text">...</p>
5    </a>
6  </div>
```

Titel

...

Abbildung: Listen mit Überschriften

7.14 Karten (cards)

Karten sind hervorgehobene Bereiche, die der Strukturierung der Seite dienen. Diese Bereiche können eine semantische Bedeutung haben. Sie sind sehr vielfältig und dienen einer ganzen Reihe von Aufgaben.

Panels in Bootstrap 4

Karten ersetzen die bisherigen Panels, Wells und Thumbnails.

Diese wird mit folgenden zusätzlichen Klassen erreicht:

- *card-default*: Standard, grau, keine Bedeutung
- *card-primary*: Primäre Aussage, blau, Daten oder Ergebnis
- *card-success*: Erfolg, grün, Statusmeldung
- *card-info*: Information, hellblau, Weitere Information, Ergänzungen

- *card-warning*: Warnung, orange, Statusmeldung
- *card-danger*: Fehler, rot, Statusmeldung

Das Standardpanel sieht folgendermaßen aus:

Listing: Karte (Cards_Danger.html)

```
1  <div class="card card-danger card-inverse">
2    <div class="card-text">
3      Beispielanzeige
4    </div>
5  </div>
```

Abbildung: Karte mit Klasse *.card-danger*

Die semantische Varianten haben dieselbe Form und ändern die Farbe des Hintergrunds wie bei Schaltflächen:

```
1  <div class="card card-primary">...</div>
2  <div class="card card-success">...</div>
3  <div class="card card-info">...</div>
4  <div class="card card-warning">...</div>
5  <div class="card card-danger">...</div>
```

Wenn die Schriftfarbe einen unzureichenden Kontrast hat, dann können Sie mit der Klasse *.card-inverse* eine bessere Darstellung erhalten. Das ist zumindest bei *danger* sinnvoll, wo die Schriftfarbe auf dem dunklen Rot von Schwarz auf Weiß wechselt.

Die Standardkarte wird mit *.card* eingeleitet. Ein allgemeiner innerer Abstand (padding) wird mit *.card-block* erreicht. Der Text wird in *.card-text* erstellt.

Überschriften

Cards können komplexe Meldungen erzeugen und enthalten einen Überschriftenbereich. Dieser wird mit *.card-header* eingeleitet. In diesem Bereich kann die Größe mit ⟨h1⟩-⟨h6⟩ variiert werden.

Zuerst ein Beispiel mit der Standardformatierung der Überschrift:

Listing: Karte mit Überschrift (Karten_Header.html)

```
1  <div class="card card-block">
2    <div class="card-header">Meldung</div>
3    <p class="card-body">
4      Meldungstext
5    </p>
6  </div>
```

Meldung

Meldungstext

Abbildung: Karte mit Überschrift

Mit Überschriftsstilen sieht das dann folgendermaßen aus:

Listing: Karte mit Titel (Cards_Header2.html)

```
1  <div class="card card-block">
2    <h2 class="card-header">Meldung</h2>
3    <p class="card-body">
4      Meldungstext
5    </p>
6  </div>
```

Abbildung: Karte mit Titel und Überschriftselement

Es ist weiter möglich, Unterüberschriften mit *.card-subtitle* zu platzieren.

Fußzeilen

Fußbereiche von Karten erscheinen in *.card-footer*. Der Fußbereich erbt keine semantischen Informationen und es bleibt Ihnen überlassen, hier weitere Informationen mitzugeben. Fußbereiche dienen eher der Platzierung von Schaltflächen, die ihren eigenen semantischen Kontext mitbringen. Dadurch bedingte Aktionen sind dann separat zu programmieren, das Panel selbst bietet keine interaktiven Elemente.

Listing: Semantische Karte mit Fußzeile (Cards_Footer.html)

```
1  <div class="card card-success">
2    <p class="card-text">
3      Inhalt der Box...
4    </p>
5    <div class="card-footer">Fußzeile</div>
6  </div>
```

Abbildung: Karte mit Fußzeile

Karten mit Tabellen

Wenn Karten der Präsentation von Daten dienen, bieten sich Tabellen zur Ausgabe an. Beachten Sie die beschränkten Möglichkeiten bei responsiven Layouts, die Tabellen mit sich bringen. Da Karten bereits einen Rahmen haben, sollten Tabellen ohne Rahmen gezeichnet werden. Die Platzierung kann im *card-text* oder außerhalb erfolgen. Innerhalb bekommt die Tabelle einen zusätzlichen Abstand – wobei Abstände generell eine gute Idee sind, wenn der Platz ausreicht.

Listing: Karte mit Tabelle (Cards_Table.html)

```
1   <div class="card card-block">
2     <div class="card-header">Titel</div>
3     <div class="card-text">
4       <p>...</p>
5     </div>
6
7     <!-- Tabelle -->
8     <table class="table table-sm">
9       ...
10    </table>
11  </div>
```

Titel

Übersicht Einkommen

Name	Betrag
Müller	€ 2766,00
Kosanke	€ 4500,20

Abbildung: Karte mit Tabelle

Ohne *card-text* gibt es einen nahtlosen Übergang zwischen Inhalt und Tabelle.

Karten mit Listen

Listen lassen sich ebenso einfach in Karten platzieren.

Listing: Karte mit Liste (Cards_List.html)

```
1   <div class="card">
2     <div class="card-header">Wissen</div>
3     <div class="card-block">
4       <ul class="list-group list-group-flush">
5         <li class="list-group-item">Bootstrap</li>
6         <li class="list-group-item">jQuery</li>
7         <li class="list-group-item">AngularJS</li>
8         <li class="list-group-item">ReactJS</li>
9       </ul>
10    </div>
11  </div>
```

Abbildung: Karte mit Liste

Karten mit Bildern

Bilder lassen sich ebenso einfach in Karten als Hintergrund (overlay) platzieren. Die Überlagerung des Texts wird mit *.card-img-overlay* erreicht.

Listing: Karte mit Hintergrundbild (Cards_Image.html)

```
1   <div class="card text-center"
2       style="width: 300px">
3     <img class="card-img-top"
4         src="../Res/Background.jpg" alt="Lampe">
5     <div class="card-img-overlay card-inverse text-right">
6       <h4 class="card-title">Verstanden?</h4>
7       <p class="card-text">Das ist Bootstrap 4</p>
8     </div>
9     <div class="card-block">
10      Weiter geht es mit neuen Stilen...
11    </div>
12  </div>
```

Das Bild sollte die Breite berücksichtigen oder die Card wird in der Breite beschränkt, wie im Beispiel in Zeile 2 auf 300 Pixel. Beachten Sie dabei, dass derartige feste Werte möglicherweise nicht responsiv sind.

Abbildung: Karte mit Hintergrundbild

Für die Platzierung im Raster besteht die Option, die Breite und den Abstand mit den Spaltenklassen zu kombinieren.

Weitere Funktionen zum Platzieren von Bildern sind:

- *.card-img-top*: Ausrichten des Bildes nach oben

- *.card-img-bottom*: Ausrichten des Bildes nach unten

Diese Klassen werden direkt auf das ‹img /›-Tag anwendet.

Karten im Raster

Im letzten Beispiel wurde bereits gezeigt, wie sich die Breite durch einen Stil direkt einstellen lässt. Bootstrap hat hierfür keine expliziten Klassen. Besser ist die Platzierung im Raster, wie das folgende Beispiel zeigt.

Listing: Karten im Raster (Cards_Grid.html)

```
1   <div class="container-fluid sample">
2     <div class="row">
3       <div class="col-xs-6">
4         <div class="card card-success">
5           <div class="card-block card-inverse">
6             <h4 class="card-title">Meldung</h4>
7             <p class="card-text">
8               Dieser Vorgang war erfolgreich.
9             </p>
10            <a href="#" class="card-link">
11              Mehr...
12            </a>
13            <a href="#" class="card-link">
14              Zurück...
15            </a>
16          </div>
17        </div>
18      </div>
19      <div class="col-xs-6">
20        <div class="card card-warning">
21          <div class="card-block">
22            <h4 class="card-title">Meldung</h4>
23            <p class="card-text">
24              Hier hat was nicht geklappt.
25            </p>
26            <a href="#" class="btn btn-danger">
27              Ausnahmen...
```

```
28            </a>
29          </div>
30        </div>
31      </div>
32    </div>
33  </div>
```

Abbildung: Karten im Raster

Kartenstapel (card decks)

Karten lassen sich horizontal so anordnen, das alle Elemente dieselbe Höhe haben.

Listing: Karten ausrichten (Cards_Deck.html)

```
1   <div class="card-deck-wrapper">
2     <div class="card-deck">
3       <!-- Card 1 -->
4       <div class="card">
5         <div class="card-header">Help 1</div>
6         <div class="card-block">
7           <p class="card-text">Help text.</p>
8         </div>
9       </div>
10      <!-- Card 2 -->
11      <div class="card">
12        <div class="card-header">Help 2</div>
13        <div class="card-block">
14          <p class="card-text">
15            Help text and
16            <a href="#" class="card-link">more help</a>.
17          </p>
```

```
18          <p class="card-text">This is more
19              text than in the first box</p>
20      </div>
21      </div>
22   </div>
23 </div>
```

Abbildung: Karten ausrichten

 Die horizontale Ausrichtung kann mit den Spalten-Layout verbunden werden, sodass auch die Breite kontrolliert werden kann.

Kartengruppen (card groups)

Karten lassen sich horizontal so anordnen, das alle Elemente dieselbe Höhe haben. Die Gruppen sind – im Gegensatz zum Stapel – direkt miteinander verbunden. Dazu wird die Kartengruppe in eine Kalsse *.card-group* verpackt.

Listing: Verbundene Karten (Cards_Group.html)

```
 1   <div class="card-group">
 2     <!-- Karte 1 -->
 3     <div class="card card-success">
 4       <div class="card-header">Info</div>
 5       <div class="card-block">
 6         <p class="card-text">Infotext hier</p>
 7       </div>
 8     </div>
 9     <!-- Karte 2 -->
10     <div class="card card-info">
11       <div class="card-header">Meldung</div>
12       <div class="card-block">
13         <p class="card-text">Hier steht mehr...</p>
14       </div>
15     </div>
16   </div>
```

Abbildung: Verbundene Karten

 Die horizontale Ausrichtung kann mit dem Spalten-Layout verbunden werden, sodass auch die Breite kontrolliert werden kann.

Karten in Spalten (card columns)

Karten lassen sich horizontal in Spalten verteilen. So sind komplexere Layouts mit dedizierter Gestaltung der Blöcke möglich. Dazu wird die Kartengruppe in eine Klasse *.card-columns* verpackt.

Listing: Verbundene Karten (Cards_Columns.html)

```
1   <div class="container sample">
2     <div class="row">
3       <div class="card-columns">
4         <!-- Karte 1 -->
5         <div class="card">
6           <div class="card-header">Karte 1</div>
7           <div class="card-block">
8             <p class="card-text">Hier steht der Inhalt.</p>
9           </div>
10        </div>
11        <!-- Karte 2 -->
12        <div class="card">
13          <div class="card-block">
14            <h4 class="card-title">Karte 2</h4>
15            <p class="card-text">Hier steht der Inhalt.</p>
16          </div>
17        </div>
18        <!-- Karte 3 -->
19        <div class="card card-info">
20          <div class="card-header">Karte 3</div>
21          <div class="card-block">
22            <p class="card-text">
23              Hier steht der Inhalt.
24              Ein <a href="#" class="card-link">Link</a>.
25            </p>
26          </div>
27          <div class="card-footer">Footer</div>
28        </div>
29        <!-- Karte 4 -->
30        <div class="card card-warning">
31          <div class="card-header">Karte 4</div>
32          <div class="card-block">
33            <p class="card-text">Hier steht der Inhalt.</p>
34          </div>
35          <div class="card-footer">Footer</div>
36        </div>
37        <!-- Karte 5 -->
38        <div class="card">
39          <div class="card-block">
40            <h4 class="card-title">Karte 5</h4>
41            <p class="card-text">Hier steht der Inhalt.</p>
```

```
42        </div>
43      </div>
44      <!-- Karte 6 -->
45      <div class="card card-success">
46        <div class="card-header">Karte 6</div>
47        <div class="card-block">
48          <p class="card-text">
49            Hier steht der Inhalt.
50            Ein <a href="#" class="card-link">Link</a>.
51          </p>
52        </div>
53      </div>
54      <!-- Karte 7 -->
55      <div class="card">
56        <div class="card-header">Karte 7</div>
57        <div class="card-block">
58          <p class="card-text">
59            Hier steht der Inhalt.
60            Ein <a href="#" class="card-link">Link</a>.
61          </p>
62        </div>
63        <div class="card-footer">Ende</div>
64      </div>
65      <!-- Karte 8 -->
66      <div class="card">
67        <div class="card-block">
68          <h4 class="card-title">Karte 8</h4>
69          <p class="card-text">Hier steht der Inhalt.</p>
70        </div>
71      </div>
72    </div>
73  </div>
74 </div>
```

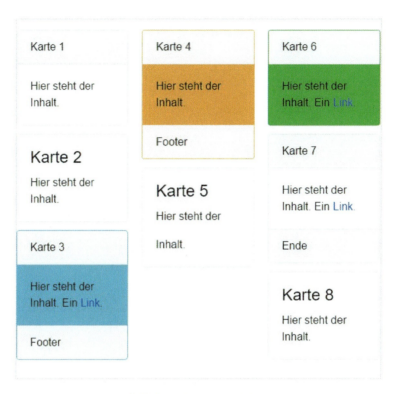

Abbildung: Karten in Spalten

8. Aktive Komponenten

Aktive Komponenten in Bootstrap verfügen nicht nur über passive JavaScript-Unterstützung, sondern lassen sich direkt anprogrammieren. Technisch sind es jQuery-Plugins. Falls nicht die gesamte Bootstrap-Bibliothek eingebunden wird, müssen eventuell Abhängigkeiten beachtet werden.

8.1 Einrichtung und Aktivierung

Die Dateien *bootstrap.js* und *bootstrap.min.js* (minimiert) enthalten bereits alle Komponenten. Werden diese eingebunden, sind keine weiteren Maßnahmen notwendig. Zur Benutzung gibt es zwei Optionen: Entweder Sie nutzen die HTML5-Attribute data- oder die JavaScript-API. Im Sinne moderner HTML5-Programmierung sind die Attribute der bevorzugte Weg, denn dadurch wird weniger Skriptcode benötigt, und damit besteht weniger Risiko, Fehler bei der Programmierung zu machen.

Die API für die HTML5-Attribute kann in seltenen Fällen unpassend oder störend sein. Dann ist es möglich, sie global abzuschalten:

```
1    $(document).off('.data-api')
```

Falls nur ein einzelnes Plugin davon betroffen ist, kann dies auch nur für dieses erfolgen:

```
1    $(document).off('.alert.data-api')
```

In komplexeren Szenarien besteht oft die Versuchung, mehrere Plug-Ins auf einer Komponente anzuwenden. Das funktioniert nicht.

Stellen Sie sich eine Schaltfläche vor, die einen modalen Dialog
aktiviert und zugleich einen Tooltip anzeigt. Das ist zwar vom
Design her sinnvoll, geht aber so nicht. Erreicht werden kann dies
einfach durch ein weiteres, umschließendes Element. Das äußere
Element – ohne Rahmen und Abstände – steuert den Tooltip und
das innere den modalen Dialog.

 jQuery UI?

Auch wenn jQuery die Grundlage der Bootstrap-
Komponenten ist, steht jQuery UI in Konkurrenz
zu Bootstrap und sollte auf keinen Fall gleichzeitig
eingesetzt werden.

8.2 Die Programmierschnittstelle

Werden Webseiten komplett in JavaScript erstellt, was durchaus
üblich ist, fehlt die Möglichkeit über die Attribute zu gehen. Dafür
kann direkt auf die API der Komponenten zugegriffen werden:

```
1   $('.btn.danger').button('toggle').addClass('fat');
```

Alle Komponenten verarbeiten ein Options-Objekt, das als JSON
bereitgestellt werden muss. Die konkreten Werte sind abhängig von
der Komponente.

```
1   $('#myModal').modal()                        // Nur Standard
2   $('#myModal').modal({ keyboard: false })     // Mit Option
3   $('#myModal').modal('show')                  // Aktion auslösen
```

Jede Komponente verfügt über einen Konstruktor: `$.fn.popover.Constructor`.
Der Konstruktor liefert eine Eigenschaft DEFAULTS, die Zugriff auf
die Standardwerte erlaubt.

```
1   $.fn.modal.Constructor.DEFAULTS.keyboard = false;
```

 $.fn ist in jQuery der Zugriff auf registrierte Plugins. Dieser Teil ist nicht spezifisch für Bootstrap.

Eine spezifische Instanz kann folgendermaßen beschafft werden:

`$('[rel="popover"]').data('popover')`

Dieser Code zeigt die Vorgehensweise am Beispiel eines "popover".

Konfliktvermeidung

Werden neben jQuery noch andere Bibliotheken oder jQuery-Plugins eingesetzt, kann es zu Namenskonflikten kommen. Da JavaScript nicht über Namensräume verfügt, muss hier eventuell manuell nachgeholfen werden. Dazu dient die Methode noConflict.

```
1   var bootstrapButton = $.fn.button.noConflict()
2   $.fn.bootstrapBtn = bootstrapButton
```

In Zeile 1 wird eine Instanz des Plugins abgerufen. Dies wird dann in Zeile 2 einem neuen Namen zugewiesen, der nicht mit anderen Elementen kollidiert.

In diesem Zusammenhang sind auch Versionen wichtig. Diese können mit VERSION abgerufen werden:

```
1   $.fn.tooltip.Constructor.VERSION // => "4.0.0"
```

Ereignisse

Bootstrap-Komponenten generieren einige private Ereignisse. Meist liegen diese in zwei Versionen vor – bei Auftreten des Ereignisses und beim Ende der Verarbeitung. Entsprechend werden die Verben gestaltet – Basis und Vergangenheitsform ('show' und 'shown'). Alle Ereignisse sind in eigenen Namensräumen ".bs.".

Da einige Ereignisse intern verarbeitet werden, können Sie dies mittels *preventDefault* unterdrücken. Dies ist der typische Weg für jQuery.

```
1  $('#myModal').on('show.bs.modal', function (e) {
2    if (!data) return e.preventDefault()
3  })
```

Hier wird in Zeile 2 verhindert, dass die Standardausführung erfolgt. Der modale Dialog, der bei 'show' eigentlich erscheint, wird unterdrückt.

8.3 Übergänge (Transition)

Übergänge – Transitions – werden weitgehend von CSS3 abgedeckt. Um ältere Browser zu unterstützen gibt es die Hilfsbibliothek *transitions.js*, die die Effekte in JavaScript abbildet. Diese Bibliothek ist Bestandteil von *bootstrap.js* und muss nicht gesondert installiert werden. Dies ist nur erforderlich, wenn Teile benutzt werden.

Übergangseffekte können als störend empfunden werden. Deshalb lassen sie sich global abschalten:

```
1  $.support.transition = false
```

Animationen

Animationen – egal ob als direkter Effekt oder als Übergang – sind nur beim ersten Mal witzig. Lassen Sie diese weg, Benutzer profitieren nur sehr selten davon.

Anwendungen des Moduls sind beispielsweise:

- Dialoge werden sanft ein- und ausgeblendet.
- Zwischen tabs wird sanft gewechselt.
- Meldungen werden sanft eingeblendet.
- Das Bilderkarussel wechselt mit einer Animation.

Ausgelöst wird der Effekt durch die Klasse *.fade.*.

8.4 Modale Dialoge (Modals)

Modale Dialoge stammen aus *modals.js*. Diese Bibliothek ist Bestandteil von *bootstrap.js* und muss nicht gesondert installiert werden.

Eigenschaften

Modale Dialoge nehmen den Fokus exklusiv und erfordern vom Benutzer eine unbedingte Reaktion. Sie sollten niemals modale Dialoge ohne Interaktionsmöglichkeit benutzen. Eine Schaltfläche oder ein Symbol zum Schließen ist immer Pflicht.

Modale Dialoge sind exklusiv, es kann also immer nur ein Dialog zur selben Zeit offen sein.

Im Code der Seite sollten Sie modale Dialoge am Anfang platzieren. Dies verhindert Konflikte mit anderen Einstellungen. Wann und wo sie aufgerufen werden, ist davon völlig unabhängig.

Auf mobilen Geräten kann es passieren, dass das erste Element des Dialogs nicht den Fokus erhält, auch wenn das Attribut autofocus benutzt wird. Ein wenig JavaScript kann bei Bedarf benutzt werden, um nachzuhelfen:

```
$('#myModal').on('shown.bs.modal', function () {
  $('#myInput').focus()
})
```

Ein Standarddialog besteht aus drei Teilen:

- Kopfbereich
- Inhalt
- Fußbereich

Der Titel kommt in den Kopfbereich, der Inhalt füllt dann den Dialog und Aktionsschaltflächen werden im Fußbereich platziert:

Listing: Modaler Dialog (Modal.html)

```
<div class="modal fade">
  <div class="modal-dialog">
    <div class="modal-content">
      <div class="modal-header">
        <button type="button" class="close"
                data-dismiss="modal"
                aria-label="Close">
          <span aria-hidden="true">&times;</span>
        </button>
        <h4 class="modal-title">Titel</h4>
      </div>
      <div class="modal-body">
        <p>Der Inhalt &hellip;</p>
      </div>
      <div class="modal-footer">
        <button type="button" class="btn btn-default"
                data-dismiss="modal">Schließen</button>
        <button type="button" class="btn btn-primary">
```

```
19          Speichern
20        </button>
21      </div>
22    </div>
23   </div>
24 </div>
```

Um den Dialog anzuzeigen, ist eine Aktion auf der Seite erforderlich. Dies kann folgendermaßen aussehen:

Listing: Auslöser für den Dialog (Modal.html)

```
1  <button type="button" class="btn btn-primary btn-lg"
2          data-toggle="modal"
3          data-target="#myModal">
4    Dialog anzeigen
5  </button>
```

Abbildung: Modaler Dialog

Wie schon bei vorangegangenen Beispielen ist ein barrierefreier Zugang sinnvoll. Nutzen Sie zuerst das Attribut role="dialog" und aria-labelledby="...", wobei letzteres den Titel enthalten sollte. Der Dialog selbst, also der Inhalt, wird mit role="document" dekoriert. Sollte eine Beschreibung notwendig sein, die möglicherweise im normalen Betrieb nicht sinnvoll erscheint, weil der Dialog im Kontext steht oder Bilder und Symbole enthält, nutzen Sie darüberhinaus aria-describedby auf dem Element mit der Klasse *.modal*.

Größen

Modale Dialoge haben drei Größen, die durch zwei Klassen eingestellt werden:

- *.bs-example-modal-lg*: Größer als normal
- *.bs-example-modal-sm*: Kleiner als normal

```
1   <button type="button" class="btn btn-primary"
2          data-toggle="modal"
3          data-target=".bs-example-modal-lg">
4     Großer Dialog
5   </button>
6
7   <div class="modal fade bs-example-modal-lg"
8       tabindex="-1"
9       role="dialog"
10      aria-labelledby="myLargeModalLabel">
11    <div class="modal-dialog modal-lg">
12      <div class="modal-content">
13        ...
14      </div>
15    </div>
16  </div>
```

```
1   <button type="button" class="btn btn-primary"
2          data-toggle="modal"
3          data-target=".bs-example-modal-sm">Klein</button>
4
5   <div class="modal fade bs-example-modal-sm"
6       tabindex="-1"
7       role="dialog"
8       aria-labelledby="mySmallModalLabel">
9     <div class="modal-dialog modal-sm">
10      <div class="modal-content">
11        ...
12      </div>
13    </div>
14  </div>
```

Animationen werden mit *.fade* erzeugt. Dies kann lästig sein und ist auf mobilen Geräten eher nicht angebracht.

 Der Effekt benötigt erhebliche Rechenleistung und verringert die Akkulebensdauer bei mobilen Geräten.

Dialog im Raster

Dialoge können umfangreich sein. Deshalb kann innerhalb erneut auf das Raster zugegriffen werden. Dazu wird im Inhaltsbereich (*.modal-body*) des Dialogs ein neuer Container mit *.container-fluid* erstellt. In diesem Container sind die normalen Rasterklassen anwendbar. Die äußere Breite richtet sich nach der Dialogbreite, die Werte sind prozentual dazu.

Listing: **Komplexer Dialog mit Raster (Modal_Complex.html)**

```
<div class="modal fade" role="dialog" id="myModal"
     aria-labelledby="gridSystemModalLabel">
  <div class="modal-dialog" role="document">
    <div class="modal-content">
      <div class="modal-header">
        <button type="button" class="close"
                data-dismiss="modal"
                aria-label="Close">
          <span aria-hidden="true">&times;</span>
        </button>
        <h4 class="modal-title" id="gridSystemModalLabel">Title</h4>
      </div>
      <div class="modal-body">
        <div class="container-fluid">
          <div class="row">
            <div class="col-md-4">4</div>
            <div class="col-md-4 offset-md-4">4 4</div>
          </div>
          <div class="row">
            <div class="col-md-3 offset-md-3">3 3</div>
            <div class="col-md-2 offset-md-4">2 4</div>
```

```
22              </div>
23              <div class="row">
24                <div class="col-md-6 offset-md-3">6 3</div>
25              </div>
26              <div class="row">
27                <div class="col-sm-9">
28                  Level 1: .col-sm-9
29                  <div class="row">
30                    <div class="col-xs-8 col-sm-6">
31                      Level 2: .col-xs-8 .col-sm-6
32                    </div>
33                    <div class="col-xs-4 col-sm-6">
34                      Level 2: .col-xs-4 .col-sm-6
35                    </div>
36                  </div>
37                </div>
38              </div>
39            </div>
40          </div>
41          <div class="modal-footer">
42            <button type="button"
43                    class="btn btn-secondary"
44                    data-dismiss="modal">
45              Close
46            </button>
47            <button type="button"
48                    class="btn btn-primary">
49              Save
50            </button>
51          </div>
52        </div>
53      </div>
54    </div>
55    <div class="container sample">
56      <button type="button"
57              class="btn btn-primary btn-lg"
58              data-toggle="modal"
59              data-target="#myModal">
60        Show dialog
61      </button>
62    </div>
```

Abbildung: Raster im Dialog

Die Schaltfläche oder Aktion, mit der der Dialog ausgelöst wird, kann weitere Werte übermitteln, um den Dialog zu modifizieren. Dies erfolgt durch data--Attribute wie nachfolgend gezeigt:

Listing: Gesteuerter Dialog (Modal_Data.html)

```
1   <button type="button" class="btn btn-primary"
2           data-toggle="modal"
3           data-target="#exampleModal"
4           data-whatever="anna@muster.de">
5     Open Anna
6   </button>
7   <button type="button" class="btn btn-primary"
8           data-toggle="modal"
9           data-target="#exampleModal"
10          data-whatever="berta@muster.de">
11    Open Berta
12  </button>
13  <button type="button" class="btn btn-primary"
14          data-toggle="modal"
15          data-target="#exampleModal"
16          data-whatever="chri@muster.de">
17    Open Chris
18  </button>
19
20
21  <div class="modal fade" id="exampleModal" tabindex="-1"
22       role="dialog" aria-labelledby="exampleModalLabel">
23    <div class="modal-dialog" role="document">
```

```
24      <div class="modal-content">
25        <div class="modal-header">
26          <button type="button" class="close"
27                  data-dismiss="modal"
28                  aria-label="Close">
29            <span aria-hidden="true">&times;</span>
30          </button>
31          <h4 class="modal-title" id="exampleModalLabel">
32            New message
33          </h4>
34        </div>
35        <div class="modal-body">
36          <form>
37            <div class="form-group">
38              <label for="recipient" class="control-label">
39                Receiver:
40              </label>
41              <input type="text" class="form-control" id="recipient">
42            </div>
43            <div class="form-group">
44              <label for="message-text" class="control-label">
45                Message:
46              </label>
47              <textarea class="form-control" id="message-text"></texta\
48  rea>
49            </div>
50          </form>
51        </div>
52        <div class="modal-footer">
53          <button type="button" class="btn btn-secondary"
54                  data-dismiss="modal">
55            Close
56          </button>
57          <button type="button" class="btn btn-primary">
58            Send
59          </button>
60        </div>
61      </div>
62    </div>
63  </div>
```

Die Auswertung übernimmt dann JavaScript wie folgt:

```
1   $(function() {
2     $('#exampleModal').on('show.bs.modal', function(event) {
3       var button = $(event.relatedTarget);
4       var recipient = button.data('whatever');
5       var modal = $(this);
6       modal.find('.modal-title')
7           .text('Nachricht an ' + recipient);
8       modal.find('#recipient').val(recipient);
9     });
10  });
```

In Zeile 2 wird die Schaltfläche ermittelt. In Zeile 3 wird dann auf das private Attribut data-whatever zugegriffen, um die Daten in den Dialog zu kopieren. Dies geht am einfachsten über das DOM des Dialogs.

Abbildung: Gesteuerter Dialog

Allgemeines zum Verhalten

Modale Dialoge blenden die Seite leicht aus, um den Blick des Benutzers zu fangen. Dazu wird dem <body>-Element der Seite die Klasse *.modal-open* hinzugefügt. Sie können dieser Klasse weitere Stile mitgeben, um den Effekt anzupassen. Mittels *.modal-backdrop* wird eine weitere Klasse benutzt, die dafür sorgt, dass der Dialog

geschlossen wird, wenn der Benutzer außerhalb irgendwo hinklickt
(Verzweifelungsklick).

Das Auslöseverhalten beruht auf Attributen:

- `data-toggle="modal"`: Auslöser, beispielsweise auf einer Schalt-
  fläche
- `data-target="#foo"`: Ziel zum Dialog *#foo*
- `href="#foo"`: Alternative Angabe des Ziels zum Dialog *#foo*
- `id="foo"`: Dekoration des Dialogs selbst (Ziel-ID)

```
1   <button type="button"
2           data-toggle="modal"
3           data-target="#myModal">
4     Modal anzeigen
5   </button>
```

In JavaScript werden die Selektoren aus jQuery benutzt:

```
1   $('#myModal').modal(options)
```

Optionen

Optionen können als `data-`-Attribute im HTML oder als JSON im
Code gesetzt werden. Der Suffix der `data-`-Attribute enspricht dem
Namen der Eigenschaft im JSON.

Tabelle: Optionen für Modal

name	Typ	Beschreibung
backdrop	boolean oder 'static'	`true` führt zum Schließen bei Klick außerhalb. 'static' unterdrückt das Schließen.
keyboard	boolean	Schließt den Dialog, wenn ESC gedrückt wird
show	boolean	Sofort anzeigen bei der Initialisierung.

Tabelle: Aktionen für Modal

name	Beschreibung
show	Anzeigen
toggle	Anzeigezustand umschalten, asynchron
hide	Schließen
handleUpdate	Positioniert neu nach Verschieben oder Erscheinen der Scrollbar

Tabelle: Ereignisse für Modal

name	Beschreibung
show.bs.modal	Anzeigen
hide.bs.modal	Schließen
shown.bs.modal	Wurde angezeigt (auf Übergänge und Animationen wird gewartet)
hidden.bs.modal	Wurde geschlossen (auf Übergänge und Animationen wird gewartet)
loaded.bs.modal	Ist geladen

Benutzung

Der Aufruf im Code sieht folgendermaßen aus:

```
.modal(options)
```

Der vollständige Code bezogen auf HTML-Code mit der ID *myModal* könnte so aussehen:

```
1   $('#myModal').modal('show')
```

Beachten Sie im Folgenden die Fluent-Syntax in Zeile 4, wo mit dem Objekt fortgesetzt wird, um weitere Aktionen auszulösen.

```
1   $('#myModal').modal({
2     keyboard: false
3   })
4   .modal('toggle')
```

Bei Ereignissen kommt lediglich die Rückruffunktion hinzu, um reagieren zu können:

```
1   $('#myModal').on('hidden.bs.modal', function (e) {
2     // Ereigniscode...
3   });
```

8.5 Klappmenü (Dropdown)

Das Klappmenü gibt es in einfacher Form auch ohne JavaScript-Unterstützung. Die möglichen Interaktionen erweitern die Funktion von Navigationsleiste (navbar), Tabulatoren (tabs) und Navigationsschaltfächen (pills).

Allgemeines zum Verhalten

Unsichtbare Elemente dynamisch einblenden und wieder ausblenden erfolgt durch einschalten und ausschalten der Klasse *.open*. Auf mobilen Geräten wird *.dropdown-backdrop* für den gesamten Bildschirm und für das 'Tap'-Ereignis registriert. Das heißt, das auf solchen Geräten das Menü nicht automatisch schließt, sondern mit einem extra Fingerdruck geschlossen werden muss, bevor ein anderer Menüeintrag gewählt werden kann.

 Das Attribut `data-toggle="dropdown"` wird immer benötigt.

Optionen

Das Klappmenü hat keine Optionen.

Tabelle: Aktionen für Dropdown

name	Beschreibung
toggle	Anzeigezustand umschalten, asynchron

Tabelle: Ereignisse für Dropdown

name	Beschreibung
show.bs.dropdown	Anzeigen
hide.bs.dropdown	Schließen
shown.bs.dropdown	Wurde angezeigt (auf Übergänge und Animationen wird gewartet)
hidden.bs.dropdown	Wurde geschlossen (auf Übergänge und Animationen wird gewartet)
loaded.bs.dropdown	Ist geladen

Benutzung

Basierend auf dem Code des statischen Klappmenüs ist das HTML praktisch identisch:

```
1  <div class="dropdown">
2    <button id="dLabel" type="button"
3            data-toggle="dropdown"
4            aria-haspopup="true" aria-expanded="false">
5      Dropdown auslösen
6      <span class="caret"></span>
7    </button>
8    <ul class="dropdown-menu" aria-labelledby="dLabel">
9      ...
10   </ul>
11 </div>
```

Werden Hyperlinks benutzt und ist das href-Attribut beleget, dann nutzen Sie data-target statt href="#".

```
1   <div class="dropdown">
2     <a id="dLabel" data-target="#" href="http://example.com"
3        data-toggle="dropdown" role="button"
4        aria-haspopup="true" aria-expanded="false">
5       Dropdown auslösen
6       <span class="caret"></span>
7     </a>
8
9     <ul class="dropdown-menu" aria-labelledby="dLabel">
10      ...
11    </ul>
12  </div>
```

Im Code sieht die Nutzung folgendermaßen aus:

```
1   $('.dropdown-toggle').dropdown()
```

Bei Ereignissen kommt lediglich die Rückruffunktion hinzu, um reagieren zu können:

```
1   $('#myDropdown').on('show.bs.dropdown', function () {
2     // tu was…
3   })
```

8.6 Scrollbar-Überwachung (ScrollSpy)

Diese Komponente erkennt die Position der Scrollbar. Damit lassen sich Sprungziele in einer Navigationsleiste abhängig von der Position der Scrollleiste aktualisieren. Das ist vor allem für sehr lange Seiten interessant, wo die Sprungziele in Form einer Liste von Hyperlinks an der Seite links oder rechts oben stehen und dort immer sichtbar sind. Wenn der Benutzer auf einen Link klickt, springt die Seitenposition zum Ziel. Dies ist das normale Browserverhalten. Wenn jedoch die Scrollbar benutzt wird, erscheint eine bestimmte Position irgendwann. Mit dem *Scrollbar-Überwacher* wird dann das Menü passend zur Position so angepasst, dass der aktuell sichtbare Abschnitt hervorgehoben wird. Damit das Menü diesen Effekt anzeigen kann, muss es beim Scrollen sichtbar bleiben. Dazu dient sollte die Navigation anheftet werden. Dies kann mit `position: sticky` erreicht werden.

 Affix

Die Komponente Affix aus Bootstrap 3 gibt es nicht mehr. Schauen Sie weiter unten in den Abschnitt *Angeheftete Navigation (Affix)*, wo erklärt wird, wie Sie diese Komponenten ersetzen können.

Benutzung

Zuerst wird eine Navigations-Komponente benötigt. Die Auflösung der Sprungziele muss über *id* erfolgen. Ein Ziel das mit `<a href="#home">home</a>` erstellt wurde, muss zu einem passenden `<div id="home"></div>` führen. Unsichtbare Elemente werden ignoriert. Als Kriterium für die Sichtbarkeit gilt, was jQuery bei Benutzung des Pseudoselektors `:visible` angibt. Überwacht wird der Scrollbereich eines Elements. Dies muss mit `position:relative` positioniert werden. Meist ist dies `<body>` und es ist keine weitere Aktion erforderlich. Ist es ein anderes Element, muss zusätzlich `overflow-y: scroll` und eine Höhe angegeben werden.

Die Aktivierung erfolgt mit `data-spy="scroll"` auf das zu überwachende Element, beispielsweise `<body>`. Dann wird `data-target` auf die *id* oder Klasse des Elternelements einer mit *.nav* erstellten Kompontent gesetzt.

```
1   <style>
2   body {
3     position: relative;
4   }
5   </style>
6
7   <body data-spy="scroll" data-target="#navbar-example">
8     ...
9     <div id="navbar-example">
10      <ul class="nav nav-tabs" role="tablist">
11        ...
12      </ul>
13    </div>
14    ...
15  </body>
```

In JavaScript sieht die Benutzung folgendermaßen aus:

```
1   $('body').scrollspy({ target: '#navbar-example' })
```

Werden Elemente dynamisch hinzugefügt, muss *'refresh'* aufgerufen werden.

```
1   $('[data-spy="scroll"]').each(function () {
2     var $spy = $(this).scrollspy('refresh')
3   })
```

Bei Ereignissen kommt lediglich die Rückruffunktion hinzu, um reagieren zu können:

```
1   $('#myScrollspy').on('activate.bs.scrollspy', function () {
2     // tu was…
3   })
```

Optionen

Optionen können als data--Attribute im HTML oder als JSON im Code gesetzt werden. Der Suffix der data--Attribute enspricht dem Namen der Eigenschaft im JSON.

Tabelle: Optionen für ScrollbarSpy

name	Typ	Beschreibung
offset	number	Abstand von Oben, ab dem auf das Erscheinen reagiert wird. Der Standardwert ist 10.

Tabelle: Aktione für ScrollbarSpy

name	Beschreibung
refresh	Synchronisiere dynamische Elemente

Tabelle: Ereignisse für ScrollbarSpy

name	Beschreibung
activate.bs.scrollspy	Anzeigen

8.7 Angeheftete Navigation (Affix)

Diese Komponente gibt es in Bootstrap 4 nicht mehr. Benutzen Sie `position: sticky` direkt oder als Polyfill für ältere Browser. Dies ist eine Erweiterung zu CSS 3, die die Funktion mit JavaScript erreicht. Eine gute Implementierung ist *StickyFill*:

- *https://github.com/wilddeer/stickyfill*

Im CSS wird dies folgendermaßen benutzt:

```css
1  .sticky {
2    position: -webkit-sticky;
3    position: sticky;
4    top: 0;
5  }
```

Aktiviert wird es per JavaScript, z.B. mit jQuery:

```javascript
1  $('.sticky').Stickyfill();
```

Installieren Sie Stickyfill wie folgt:

bower install Stickyfill −save

8.8 Umschaltbare Tabulatoren (Tab)

Umschaltbare Tabulatoren können auch von anderen Elementen aus verändert werden. Dies wird nur auf einer Ebene unterstützt – nicht für verschachtelte Elemente.

Benutzung

Die Aktivierung in JavaScript sieht folgendermaßen aus:

```javascript
1  $('#myTabs a').click(function (e) {
2    e.preventDefault()
3    $(this).tab('show')
4  })
```

Die Aktivierung kann mit Hilfe von Selektoren flexibel erfolgen:

```
1  $('#myTabs a[href="#profile"]').tab('show')
2  $('#myTabs a:first').tab('show')
3  $('#myTabs a:last').tab('show')
4  $('#myTabs li:eq(2) a').tab('show')
```

Der Code in Zeile 1 nutzt einen Namen; Zeile 2 wählt den ersten Tabulator, Zeile 3 den letzten. In Zeile 4 wird der dritte (2, das heißt der Wert ist 0-basiert) gewählt.

Das Attribut `data-toggle="tab"` oder `data-toggle="pill"` erledigt dies im Markup.

Interaktive Tabs

```
1  <div>
2
3    <!-- Nav tabs -->
4    <ul class="nav nav-tabs" role="tablist">
5      <li role="presentation" class="active">
6        <a href="#home" aria-controls="home"
7          role="tab" data-toggle="tab">Home</a>
8      </li>
9      <li role="presentation">
10       <a href="#profile" aria-controls="profile"
11         role="tab" data-toggle="tab">Profil</a>
12     </li>
13     <li role="presentation">
14       <a href="#messages" aria-controls="messages"
15         role="tab" data-toggle="tab">Nachricht</a>
16     </li>
17     <li role="presentation">
18       <a href="#settings" aria-controls="settings"
19         role="tab" data-toggle="tab">Einst.</a>
20     </li>
21   </ul>
22
23   <!-- Tabulator-Inhalte -->
24   <div class="tab-content">
25     <div role="tabpanel" class="tab-pane active" id="home">
26       ...
27     </div>
28     <div role="tabpanel" class="tab-pane" id="profile">
```

```
29       ...
30     </div>
31     <div role="tabpanel" class="tab-pane" id="messages">
32       ...
33     </div>
34     <div role="tabpanel" class="tab-pane" id="settings">
35       ...
36     </div>
37   </div>
38
39 </div>
```

Bei Ereignissen kommt lediglich die Rückruffunktion hinzu, um reagieren zu können:

```
1 $('a[data-toggle="tab"]').on('shown.bs.tab', function (e) {
2   e.target // Neues Tab
3   e.relatedTarget // Vorheriges Tab
4 })
```

Optionen

Optionen können als data--Attribute im HTML oder als JSON im Code gesetzt werden. Der Suffix der data--Attribute enspricht dem Namen der Eigenschaft im JSON.

Tabelle: Optionen für Tabs

name	Typ	Beschreibung
offset	number	Abstand von Oben, ab dem auf das Erscheinen reagiert wird. Der Standardwert ist 10 Pixel.

Tabelle: Aktionen für Tabs

name	Beschreibung

Tabelle: Aktionen für Tabs

name	Beschreibung
show	Anzeigen

Beachten Sie, dass es kein 'hide' gibt, weil immer ein Tab aktiv ist. Wird eines aktiviert, werden alle anderen versteckt.

Tabelle: Ereignisse für Tabs

name	Beschreibung
hide.bs.tab	Tab wird versteckt
show.bs.tab	Tab wird angezeigt
hidden.bs.tab	Tab wurde versteckt (nach Animationen)
shown.bs.tab	Tab wurde angezeigt (nach Animationen)

8.9 Tooltips (Tooltip)

Tooltips dienen dazu, hilfreiche Informationen für den Benutzer bereitzustellen. Sie reagieren auf eine schwebende (hover) Maus. Da viele Tooltips auf einer Seite kritisch für die Leistung des Browsers sind, müssen diese selbst aktiviert werden – die Attribute alleine reichen nicht aus.

Tooltips für Schaltflächen

```
1   <button type="button" class="btn btn-default"
2           data-toggle="tooltip" data-placement="left"
3           title="Tooltip on left">Tooltip links</button>
4
5   <button type="button" class="btn btn-default"
6           data-toggle="tooltip" data-placement="top"
7           title="Tooltip on top">Tooltip oben</button>
8
9   <button type="button" class="btn btn-default"
10          data-toggle="tooltip" data-placement="bottom"
11          title="Tooltip on bottom">Tooltip unten</button>
12
13  <button type="button" class="btn btn-default"
14          data-toggle="tooltip" data-placement="right"
15          title="Tooltip on right">Tooltip rechts</button>
```

Die Aktivierung erfolgt immer im Skriptcode. Der folgende Code
aktiviert alle Tooltips beim Laden der Seite:

```
1   $(function () {
2     $('[data-toggle="tooltip"]').tooltip()
3   })
```

Für ein Tooltip sieht das folgendermaßen aus:

```
1   $('#example').tooltip(options)
```

Das passende Markup dazu könnte folgendermaßen geschrieben
werden:

```
1   <a href="#" data-toggle="tooltip"
2      title="Ein Tipp erscheint!">Maus schweben lassen</a>
```

Das erzeugte Markup sieht folgendermaßen aus:

```
1  <div class="tooltip top" role="tooltip">
2    <div class="tooltip-arrow"></div>
3    <div class="tooltip-inner">
4      Ein Tipp erscheint!
5    </div>
6  </div>
```

Mehrzeilige Links

Manchmal sind die Tipps etwas komplexer und haben mehrere Zeilen. Normalerweise wird der Text automatisch umbrochen und zentriert. Mit `white-space: nowrap;` wird dieser Umbruch verhindert. Wird ein solcher Tipp in Gruppen von Schaltflächen (mit *.btn-group* oder *.input-group*) eingesetzt, sind weitere Maßnahmen erforderlich. Im JavaScript muss der Container angegeben werden, wo der generierte Code im DOM eingepflanzt wird. Meist ist `container: 'body'` ausreichend.

Allgemeine Tipps

Tooltips für unsichtbare Elemente sind keine gute Idee. Der Tipp wird nicht korrekt platziert, weil die Position des Bezugselements nicht bestimmt werden kann. Zeigen Sie das Bezugselement erst an und lösen Sie den Tooltip danach aus.

Ansonsten sollte Tooltips nur dann benutzt werden, wenn die Elemente mit der Tastatur erreicht werden können. Dies kann erreicht werden, wenn Sie sich auf Eingabeelemente beschränken. Ist dies nicht möglich, nutzen Sie das Attribut `tabindex` um ein Element explizit erreichbar zu machen.

Sollen Tooltipps auf deaktivierten Elementen sichtbar werden, so muss ein Wrapper gebaut werden. Am besten Sie fügen ein weiteres `<div>`-Element hinzu und starten den Tooltipp von dort.

```
1   $('#myTooltip').on('hidden.bs.tooltip', function () {
2     // tu was…
3   })
```

Optionen

Optionen können als data--Attribute im HTML oder als JSON im Code gesetzt werden. Der Suffix der data--Attribute enspricht dem Namen der Eigenschaft im JSON.

Tabelle: Optionen für Tooltip

name	Typ	Beschreibung
animation	boolean	Animation beim Erscheinen
container	string oder false	Positionierung bei einem anderen Element
delay	number, object	Verzögerung in Millisekunden (Standard: 0) Kann auch ein Objekt sein: { "show": 10, "hide": 10 }, dann gelten für das Anzeigen und Ausblenden verschiedene Werte
html	boolean	HTML im Text erlaubt
placement	string, function	'top', 'bottom', 'left', 'right', 'auto' 'auto' platziert so, dass der Tooltip immer angezeigt wird. Bei einer Funktion kann die Position selbst bestimmt werden.
selector	string	Auswahl des Ziels als Selektor
template	string	Vorlage in HTML
title	string	Inhalt (Text) des Tooltips
trigger	string	Auslöser: click, hover, focus, manual. Standard: 'hover focus'
viewport	string, object, function	Standard: { selector: 'body', padding: 0 } oder ein Selektor oder eine Auswahlfunktion

Die Standardvorlage des Tooltips sieht folgendermaßen aus:

```
1  <div class="tooltip" role="tooltip">
2    <div class="tooltip-arrow"></div>
3    <div class="tooltip-inner"></div>
4  </div>
```

Der Text erscheint in *tooltip-inner*.

Tabelle: Aktionen für Tooltip

name	Beschreibung
show	Anzeigen
hide	Ausblenden
destroy	Ausblenden und Ereignisse unterdrücken

Beachten Sie, dass es kein 'hide' gibt, weil immer ein Tab aktiv ist. Wird eines aktiviert, werden alle anderen versteckt.

Tabelle: Ereignisse für Tooltip

name	Beschreibung
hide.bs.tab	Tooltip wird versteckt
show.bs.tab	Tooltip wird angezeigt
hidden.bs.tab	Tooltip wurde versteckt (nach Animationen)
shown.bs.tab	Tooltip wurde angezeigt (nach Animationen)

8.10 Inhaltsüberlagerung (Popover)

Der etwas sperrige Begriff Inhaltsüberlagerung (pop over) steht für einen kurzzeitig erscheinenden, nicht modalen Dialog, meist ohne Interaktionsmöglichkeiten. Die wichtigste Anwendung sind ausführlichere Hilfetexte. Dies ist immer dann angebracht, wenn Tooltips nicht mehr ausreichen. Da viele Überlagerungen auf einer

Seite kritisch für die Leistung des Browsers sind, müssen diese
explizit aktiviert werden – die Attribute alleine reichen nicht aus.

Inhaltsüberlagerungen können statisch sein oder dynamisch aktiviert werden. Statische – also ständig sichtbare Elemente – dienen
mehr der Gestaltung.

Anwendung

Die Aktivierung kann beim Laden der Seite mit folgendem Code
erfolgen:

```
1  $(function () {
2    $('[data-toggle="popover"]').popover();
3  })
```

Für ein einzelnes Element sieht dies folgendermaßen aus (der
Selektor führt zur Schaltfläche):

```
1  $('#buttonid').popover({});
```

Hängt der Inhaltsbereich an einer Schaltfläche, ist der Einsatz unkritisch. Wird er dagegen an eine Gruppe gehängt (*.btn-group* oder
.input-group) sollte der Container, indem das Element erscheint,
<body> sein. Es kann sonst zu Seiteneffekten kommen (zu breit,
Verlust der runden Ecken). Es ist außerdem nicht empfehlenswert,
Inhaltsüberlagerungen auf versteckten Elementen zu aktivieren.
Bootstrap nutzt zur Positionierung die Koordinaten des auslösenden Elements und ohne Sichtbereich können diese ungenau oder
ungültig sein. Auf deaktivierten Elementen können Sie Inhaltsüberlagerungen nutzen, allerdings ist ein umschließender Container
erforderlich (meist ein <div>).

Wenn das auslösende Element ein Hyperlink ist, dann kann es auf
schmalen Bildschirmen passieren, dass der Inhalt des Hyperlinks

mehrzeilig ist. Die Inhaltsüberlagerung wird sowohl horizontal als auch vertikal zentriert. Dies kann ungünstig sein, weil es die Lesbarkeit des auslösenden Elements beeinträchtigt. Mit dem Stil `white-space: nowrap;` auf dem Hyperlink kann dieses Verhalten vermieden werden.

Die generelle Nutzung als Hilfetext für Schaltflächen sieht folgendermaßen aus:

```
1  <button type="button" class="btn btn-lg btn-danger"
2          data-toggle="popover" title="Der Titel"
3          data-content="Hier steht z.B. Hilfe">Hilfe?</button>
```

Listing: Popover platzieren (popover.html)

```
1   <button type="button" class="btn btn-default"
2           data-container="body"
3           data-toggle="popover"
4           data-placement="left"
5           data-content="Dies ist ein hilfreicher Hilfetext.">
6      Platzierung links
7   </button>
8
9   <button type="button" class="btn btn-default"
10          data-container="body"
11          data-toggle="popover"
12          data-placement="top"
13          data-content="Dies ist ein hilfreicher Hilfetext.">
14     Platzierung oben
15  </button>
16
17  <button type="button" class="btn btn-default"
18          data-container="body"
19          data-toggle="popover"
20          data-placement="bottom"
21          data-content="Dies ist ein hilfreicher Hilfetext.">
22     Platzierung unten
23  </button>
24
25  <button type="button" class="btn btn-default"
26          data-container="body"
```

```
27          data-toggle="popover"
28          data-placement="right"
29          data-content="Dies ist ein hilfreicher Hilfetext.">
30    Platzierung rechts
31    </button>
```

Abbildung: Popover platzieren

Solche wenig störenden Elemente wie Inhaltsüberlagerungen sollten sich einfach wieder entfernen lassen. Am einfachsten ist es für
den Benutzer, dass die nächste Aktion das Element entfernt. Das
Ereignis 'focus' eignet sich dazu, denn es reagiert auf jedes andere
Element, dass den Fokus bekommt. Außerdem müssen die Attribute
role="button" und tabindex vorhanden sein.

```
1    <a tabindex="0" class="btn btn-lg btn-danger"
2       role="button"
3       data-toggle="popover"
4       data-trigger="focus"
5       title="Hilfe naht"
6       data-content="Dies ist der Hilfetext!">
7       Kann entfernt werden
8    </a>
```

> ⚠ Damit dies immer funktioniert, sollte der Auslöser
> ein Hyperlink, keine Schaltfläche sein.

Optionen

Optionen können als data--Attribute im HTML oder als JSON im
Code gesetzt werden. Der Suffix der data--Attribute enspricht dem
Namen der Eigenschaft im JSON.

Tabelle: Optionen für Popover

name	Typ	Beschreibung
animation	boolean	Animation beim Erscheinen
container	string oder `false`	Positionierung bei einem anderen Element
delay	number, object	Verzögerung in Millisekunden (Standard: 0) Kann auch ein Objekt sein: `{ "show": 10, "hide": 10 }` dann gelten für das Anzeigen und Ausblenden verschiedene Werte
html	boolean	HTML im Text erlaubt
content	string	Standardinhalt, falls das Element nichts liefert
placement	string, function	'top', 'bottom', 'left', 'right', 'auto' 'auto' platziert so, das der Tooltip immer angezeigt wird. Bei einer Funktion kann die Position selbst bestimmt werden.
selector	string	Auswahl des Ziels als Selektor
template	string	Vorlage in HTML
title	string	Inhalt (Text) des Tooltips
trigger	string	Auslöser: click, hover, focus, manual. Standard: 'hover focus'
viewport	string, object, function	Standard: `{ selector: 'body', padding: 0 }` oder ein Selektor oder eine Auswahlfunktion

Die Standardvorlage des Popover sieht folgendermaßen aus:

```
1   <div class="popover" role="tooltip">
2     <div class="arrow"></div>
3     <h3 class="popover-title"></h3>
4     <div class="popover-content"></div>
5   </div>
```

Der Text erscheint in *.popover-content*.

Tabelle: Aktionen für Popover

name	Beschreibung
show	Anzeigen
hide	Ausblenden
toggle	Ansichtszustand umschalten
destroy	Ausblenden und Ereignisse unterdrücken

Tabelle: Ereignisse für Popover

name	Beschreibung
hide.bs.popover	Popover wird versteckt
show.bs.popover	Popover wird angezeigt
hidden.bs.popover	Popover wurde versteckt (nach Animationen)
shown.bs.popover	Popover wurde angezeigt (nach Animationen)
inserted.bs.popover	Nach 'show', wenn das Element im DOM platziert wurde

8.11 Meldungen (Alert)

Vom Erscheinungsbild her gleichen die Meldungen den mit *.alert* erstellten Formen. Die zusätzliche Interaktion besteht in der Möglichkeit, das Element zu verbergen (zu schließen). Die Meldung selbst kann darüberhinaus weitere Aktionen enthalten. Die Schließfunktion entsteht automatisch, wenn `data-dismiss="alert"` dem Element hinzugefügt wird, das den Schließvorgang auslöst.

Eine solche Schließschaltfläche könnte folgendermaßen aussehen:

```
1  <button type="button"
2          id="myAlert"
3          class="close"
4          data-dismiss="alert"
5          aria-label="Schließen">
6    <span aria-hidden="true">&times;</span>
7  </button>
```

Die Aktivierung erfolgt mit der Methode `alert()`:

```
1  $('#myAlert').alert();
```

Reagiert werden kann auf das Schließen:

```
1  $('#myAlert').on('closed.bs.alert', function () {
2    // tu was…
3  })
```

Optionen

Optionen gibt es nicht. Die Gestaltung erfolgt mit HTML.

Tabelle: Aktionen für Alert

name	Beschreibung
close	Ausblenden der Meldung

Tabelle: Ereignisse für Alert

name	Beschreibung
close.bs.popover	Meldung wird geschlossen
closed.bs.popover	Meldung wurde geschlossen (nach Animationen)

8.12 Interaktive Schaltflächen (Button)

Interaktive Schaltflächen reagieren auf Zustände und zeigen diese
an.

Umschalter

Mit `data-toggle="button"` wird eine Schaltfläche zum Umschalter.
Sie sieht dann aus wie eine Schaltfläche, verhält sich aber logisch
wie ein Kontrollkästchen. Ist ein solcher Umschalter beim Start der
Seite aktiv, sollte er die Klasse *.active* haben und das Attribut `aria-pressed="true"` tragen.

```
1  <button type="button" class="btn btn-primary"
2          data-toggle="button"
3          aria-pressed="false" autocomplete="off">
4    Einfacher Umschalter
5  </button>
```

Analog geht dies auch für Gruppen. Hier wird `data-toggle="buttons"`
auf einem Element mit der Klasse *.btn-group* benutzt. Die Elemente sollten dann auch vom Typ `checkbox` oder `radio` sein. Die
Gestaltung kann dennoch als Schaltfläche erfolgen. Dies wirkt auf
Seiten oft organischer und weniger technisch als die Benutzung
einer Anzahl Kontrollkästchen oder Optionsfelder.

```
1   <div class="btn-group" data-toggle="buttons">
2     <label class="btn btn-primary active">
3       <input type="checkbox" autocomplete="off" checked> 1
4     </label>
5     <label class="btn btn-primary">
6       <input type="checkbox" autocomplete="off"> 2
7     </label>
8     <label class="btn btn-primary">
9       <input type="checkbox" autocomplete="off"> 3
10    </label>
11  </div>
```

```
1   <div class="btn-group" data-toggle="buttons">
2     <label class="btn btn-primary active">
3       <input type="radio" name="options"
4              id="option1" autocomplete="off" checked> 1
5     </label>
6     <label class="btn btn-primary">
7       <input type="radio" name="options"
8              id="option2" autocomplete="off"> 2
9     </label>
10    <label class="btn btn-primary">
11      <input type="radio" name="options"
12             id="option3" autocomplete="off"> 3
13    </label>
14  </div>
```

Optionen

Optionen gibt es nicht. Die Gestaltung erfolgt mit HTML. Einzige Möglichkeit der Änderung über Code besteht im Ändern des Texts der Schaltfläche:

```
1   $('#myButton').button('Neuer Text');
```

Tabelle: Aktionen für Button

name	Beschreibung
toggle	Umschalten
reset	Zurücksetzen

8.13 Inhaltseinblendung (Collapse)

Ähnlich wie die Inhaltsüberlagerung funktioniert die Inhaltseinblendung (oder Inhaltsausblendung, je nach dem, wie man das
betrachtet). In jedem Fall dient dieses Element dazu, nur zeitweilig
benötigte Inhalte anzuzeigen und dann kostbaren Platz wieder
freizugeben.

Anwendung

Benötigt werden zuerst auslösende Elemente, was entweder Hyperlinks oder Schaltflächen sind:

Listing: Inhaltseinblendung (collapse.html)

```
1   <a class="btn btn-primary"
2       role="button"
3       data-toggle="collapse"
4       href="#collapseExample"
5       aria-expanded="false"
6       aria-controls="collapseExample">
7     Via Link
8   </a>
9   <button class="btn btn-danger-outline"
10         type="button"
11         data-toggle="collapse"
12         data-target="#collapseExample"
13         aria-expanded="false"
14         aria-controls="collapseExample">
15    Via Schaltfläche
16  </button>
```

```
17  <div class="collapse" id="collapseExample">
18    <div class="card card-block card-text">
19      ...
20    </div>
21  </div>
```

Der Auslöser für das Umschalten der Gruppe ist data-toggle="collapse". Dies kann entweder ein Link sein (mit href="#targetId") oder eine Schaltfläche (mit data-target="Selektor").

Der untere Bereich mit dem Meldungstext erscheint erst, wenn eine der Schaltflächen geklickt wurde:

Abbildung: Inhaltseinblendung

Die Aria-Unterstützung wird intern vom Skript beachtet und sollte durch passenden Attribute ergänzt werden:

- aria-expanded zeigt an, welche Gruppe geöffnet ist
- aria-controls zeigt an, welche Gruppe vom Link gesteuert wird
- aria-labelledby zeigt an, welcher Kopfbereich die Gruppe bezeichnet

Inhaltsgruppen – das Akkordion

Das Akkordion ist ein sehr häufig benutztes Element, das viele Gestaltungsrahmenwerke anbieten. Technisch ist dies eine Gruppe von Navigationselementen und dynamischen Panelen, die jeweils exklusiv eingeblendet werden. Die einzelnen Bausteine sind alle bereits vorgestellt worden. In Bootstrap ist das Akkordion nicht eine

eigenständige Komponente, sondern eine clevere Kombination von
Grundbausteinen.

Zuerst ein Blick auf ein Beispiel:

Listing: Inhaltsgruppen (accordion.html)

```
1   <div id="accordion" role="tablist" aria-multiselectable="true">
2     <div class="card card-success"
3           role="tab">
4       <h4 class="card-header"
5           id="headingOne">
6        <a href="#collapseOne"
7            data-toggle="collapse"
8            data-parent="#accordion"
9            aria-expanded="true"
10           aria-controls="collapseOne">
11       Gruppe 1</a>
12      </h4>
13      <div id="collapseOne"
14           class="collapse in"
15           role="tabpanel"
16           aria-labelledby="headingOne">
17        <div class="card-block card-text">
18        Viel Text in Gruppe 1.
19        </div>
20      </div>
21    </div>
22    <div class="card"
23          role="tab">
24      <h4 class="card-header"
25          id="headingTwo">
26       <a href="#collapseTwo"
27           data-toggle="collapse"
28           data-parent="#accordion"
29           aria-expanded="false"
30           aria-controls="collapseTwo">Gruppe 2</a>
31      </h4>
32      <div id="collapseTwo"
33           class="collapse"
34           role="tabpanel"
35           aria-labelledby="headingTwo">
36        <div class="card-block card-text">
```

```
37        Viel Text in Gruppe 2.
38      </div>
39    </div>
40  </div>
41  <div class="card"
42        role="tab">
43    <h4 class="card-header"
44        id="headingThree">
45      <a href="#collapseThree"
46         data-toggle="collapse"
47         data-parent="#accordion"
48         aria-expanded="false"
49         aria-controls="collapseThree">
50      Gruppe 3</a>
51    </h4>
52    <div id="collapseThree"
53         class="collapse"
54         role="tabpanel"
55         aria-labelledby="headingThree">
56      <div class="card-block card-text">
57        Viel Text in Gruppe 3.
58      </div>
59    </div>
60  </div>
61  </div>
```

Der Code nutzt die `data--`Attribute und zur Gestaltung die in Bootstrap 4 neu eingeführten *.card*-Klassen. Der Auslöser für das Umschalten der Gruppe ist `data-toggle="collapse"`. Er kann entweder als Link (mit `href="#targetId"`) oder als Schaltfläche (mit `data-target="Selektor"`) ausgeführt werden. Damit beim Öffnen einer Gruppe die andere bereits geöffnete Gruppe automatisch schließt, wird `data-parent="id"` benutzt, wobei die *id* auf das umschließende Container-Element verweist.

Der Anfangszustand wird mit der Klasse *.in* bestimmt. Derart dekorierte Elemente sind beim Laden der Seite geöffnet.

Gruppe 1

Viel Text in Gruppe 1.

Gruppe 2

Gruppe 3

Abbildung: Inhaltseinblendung

Die Aktivierung im Code – wenn keine data--Attribute benutzt
werden sollen – erfolgt folgendermaßen:

```
1   $('.collapse').collapse();
```

 Benutzen Sie entweder data--Attribute oder Java-
Script. Wird beides gleichzeitig benutzt, kommt das
Skript durcheinander und das Akkordion verhält sich
unlogisch.

Optionen

Optionen können als data--Attribute im HTML oder als JSON im
Code gesetzt werden. Der Suffix der data--Attribute enspricht dem
Namen der Eigenschaft im JSON.

Tabelle: Optionen für Collapse

name	Typ	Beschreibung
parent	string	Selektor für das Elternelement
toggle	boolean	Automatisches Umschalten

Tabelle: Aktionen für Collapse

name	Beschreibung
show	Anzeigen
hide	Ausblenden
toggle	Ansichtszustand umschalten

Tabelle: Ereignisse für Collapse

name	Beschreibung
hide.bs.collapse	Inhalt wird versteckt
show.bs.collapse	Inhalt wird angezeigt
hidden.bs.collapse	Inhalt wurde versteckt (nach Animationen)
shown.bs.collapse	Inhalt wurde angezeigt (nach Animationen)

8.14 Bilderkreisel (Carousel)

Der Bilderkreisel (oft auch Karussel genannt) dient dazu, eine Bilder- oder Inhaltsstrecke anzuzeigen, wobei immer nur ein Element zur Zeit sichtbar ist.

Anwendung

Nachfolgend ein Beispiel:

Listing: Bilderkreisel (caroussel.html)

```
1   <div id="carousel-example-generic"
2       class="carousel slide" data-ride="carousel">
3     <ol class="carousel-indicators">
4       <li data-target="#carousel-example-generic"
5           data-slide-to="0" class="active"></li>
6       <li data-target="#carousel-example-generic"
7           data-slide-to="1"></li>
8       <li data-target="#carousel-example-generic"
9           data-slide-to="2"></li>
10    </ol>
11
12    <div class="carousel-inner" role="listbox">
13      <div class="item active">
14        <img src="..." alt="...">
15        <div class="carousel-caption">
16          ...
17        </div>
18      </div>
19      <div class="item">
20        <img src="..." alt="...">
21        <div class="carousel-caption">
22          ...
23        </div>
24      </div>
25      ...
26    </div>
27
28    <a class="left carousel-control"
29       href="#carousel-example-generic"
30       role="button"
31       data-slide="prev">
32      <span class="glyphicon glyphicon-chevron-left"
33            aria-hidden="true"></span>
34      <span class="sr-only">Previous</span>
35    </a>
36    <a class="right carousel-control"
37       href="#carousel-example-generic"
38       role="button"
39       data-slide="next">
40      <span class="glyphicon glyphicon-chevron-right"
41            aria-hidden="true"></span>
```

```
42        <span class="sr-only">Next</span>
43      </a>
44  </div>
```

Abbildung: Ein Bild des Bilderkreisels

Im Code erfolgt die Aktivierung folgendermaßen:

```
1  $('.carousel').carousel();
```

 Diese Komponente ist für barrierefreie Umgebungen nicht geeignet.

Optionen

Optionen können als `data--`Attribute im HTML oder als JSON im Code gesetzt werden. Der Suffix der `data--`Attribute enspricht dem Namen der Eigenschaft im JSON.

Tabelle: Optionen für Carousel

name	Typ	Beschreibung
interval	number	Zeit bis zum nächsten Element, Standard ist 5000 ms
pause	string	Stoppt das Weiterschalten, solange die Maus über dem Element ist
wrap	boolean	Kontinuierliches Weiterschalten oder schrittweises
keyboard	boolean	Reagiert auf die Tastatur

Tabelle: Aktionen für Carousel

name	Beschreibung
cycle	Wechsel zum nächsten Element
pause	Anhalten
prev	Vorhergehender Eintrag
next	Nächster Eintrag

Tabelle: Ereignisse für Carousel

name	Beschreibung
slide.bs.carousel	Start einer Bewegung
slid.bs.carousel	Ende einer Bewegung

18509012R00168

Printed in Poland
by Amazon Fulfillment
Poland Sp. z o.o., Wrocław